ADAC Reiseführer

W0293220

USA Südstaaten

von Louisiana bis North Carolina

Museen · Gärten · Historische Stätten · Strände
Antebellumhäuser · Nachtleben · Hotels · Restaurants

Die Top Tipps führen Sie zu den Highlights

von Heike Wagner und Bernd Wagner

Intro

Unterwegs

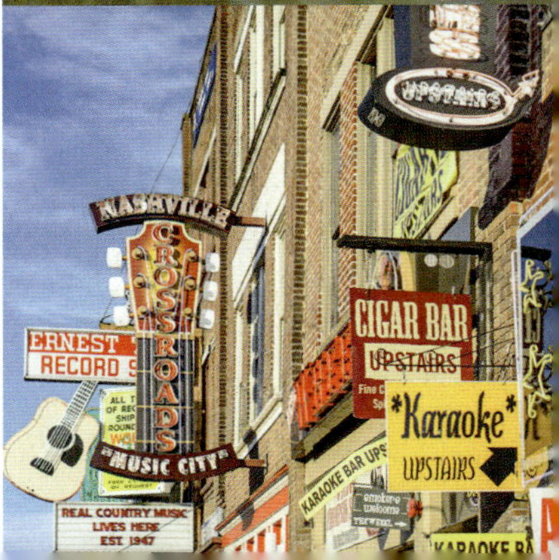
NASHVILLE
CROSSROADS
MUSIC CITY
CIGAR BAR
UPSTAIRS
Karaoke
UPSTAIRS

Atlantikküste – sandige Strände, nostalgische Städte 106

USA Südstaaten Kaleidoskop

Karten und Pläne

Service

USA Südstaaten aktuell A bis Z 125

Sprachführer 136

Register 141

Leserforum

Die Meinung unserer Leserinnen und Leser ist wichtig, daher freuen wir uns von Ihnen zu hören. Wenn Ihnen dieser Reiseführer gefällt, wenn Sie Hinweise zu den Inhalten haben – Ergänzungs- und Verbesserungsvorschläge, Tipps und Korrekturen –, dann kontaktieren Sie uns bitte:

Redaktion ADAC Reiseführer
Travel House Media GmbH
Grillparzerstr. 12, 81675 München
adac.reisefuehrer@travel-house-media.de

USA Südstaaten Impressionen

Baumwolle und Blütenträume

Der Süden der USA, das sind die Bundesstaaten Alabama, Georgia, Louisiana, Mississippi, North Carolina, South Carolina und Tennessee. Sie bieten abwechslungsreiche landschaftliche Schönheiten, vom mehr als 2000 m hohen Mittelgebirge der **Appalachen** im Nordosten bis zu den grünen Ebenen beiderseits des Mississippi oder den stillen Bayous von Louisiana im Südwesten. Entsprechend vielfältig sind die touristischen Angebote. Durch die Berge führen reizvolle **Autorouten** wie der *Blue Ridge Parkway* und grandiose **Wanderpfade**, zu denen auch der 3450 km lange Fernwanderweg *Appalachian Trail* zählt. Daneben ermöglichen **Bergflüsse** wie der Nantahala River rasante Wildwasserfahrten. Schneeweiße **Traumstrände** locken Besucher ins Seebad Biloxi an den Golf von Mexiko bzw. an die Atlantikküste nach Myrtle Beach oder auf die vorgelagerten Outer Banks. Charmante **Hafenstädte** wie Charleston oder Savannah mit ihren reizenden Altstädten sind unbedingt eine Reise wert, und eine Fahrt mit dem Schaufelraddampfer auf dem **Mississippi** ist schlichtweg ein Muss.

Doch so facettenreich der Süden ist, eint ihn sein besonderes Selbstverständnis: Hier geht das Leben einen ruhigeren Gang als im Norden, man ist stolz auf Familie, Religion und ein gewisses lässiges **Savoir-vivre**, das nirgendwo deutlicher zu spüren ist als in **New Orleans**. Diese lebensprühende, durch den Hurrikan ›Katrina‹ 2005 in ihrer Vitalität zwischenzeitlich gebremste Stadt wird nicht umsonst *Big Easy*, ›Großer Leichtsinn‹, genannt. Ins *French Quarter*, durch dessen historische Gassen sich immer eine bunte Mischung aus Schwarz und Weiß, aus dunkelhäutigen Kreolen, französischsprachigen Cajuns und Touristen drängte, sind längst wieder Leben und Besucher zurückgekehrt. Jazzmusik klingt aus offenen Kneipenfenstern, Farne und Blumen schmücken die schmiedeeisernen Balkone, und während des *Mardi Gras*, dem Höhepunkt des Karnevals, feiert die Stadt seit 2006 nun auch fröhlich-ausgelassen ihre Wiedergeburt.

In New Orleans kann man sich auf den Spuren des Romans ›**Vom Winde verweht**‹ dem alten, feudalen Süden nähern,

indem man Margret Mitchells einstiges Wohnhaus besichtigt. Oder man durchschreitet die Allee uralter moosbehangener Eichen der am Mississippi gelegenen **Oak Alley Plantation**, die bis zum mit Säulen besetzten Portal des Herrenhauses führt. Die Kehrseite solcher Pracht haben die Südstaaten ebenfalls gemeinsam, denn sie alle institutionalisierten die Sklaverei, die erst 1865 mit dem Sezessionskrieg endete.

Old South – im Wandel der Zeit

Im Süden sind geschichtliche Ereignisse in drei Zeitepochen eingeteilt: vor, während und nach dem Sezessionskrieg, dem *Civil War* zwischen den siegreichen Nord- und den dabei unterlegenen und ruinierten Südstaaten (1861–65). Als Trennungslinie galt die 1763–67 vermessene *Mason-Dixon-Line*, die Grenze zwischen Pennsylvania und Maryland. Vor dem Krieg (lat. *ante bellum*) hatte sich im Süden basierend auf Sklavenarbeit eine feudale **Plantagenkultur** etabliert, es wurden Baumwolle, Indigo, Reis und Zuckerrohr angebaut. Heute wird diese Zeit mit ihren aristokratischen Zügen stark

Oben: *Der Jackson Square mit der Saint Louis Cathedral liegt im Herzen des French Quarter von New Orleans*
Rechts: *Arbeit für alle – Wandgemälde mit Martin Luther King Jr. an der National Historic Site in Atlanta*
Links unten: *Rhododendren in voller Blüte begleiten den Wanderer am Appalachian Trail in den Roan Mountains*

romantisiert, die prächtigen, sogenannten Antebellumhäuser und -herrensitze wie *Stanton Hall* in Natchez oder *Middleton Place* in Charleston sind sorgfältig restauriert und werden viel besucht.

Doch der Stolz des Südens erschöpft sich nicht in nostalgischen Rückblicken; er kann der **Zukunft** ruhig entgegen sehen. Nicht nur dank arbeitsplatzsichernder Konzerne wie *Coca-Cola*, das seinen Firmensitz seit jeher in Atlanta hat. Beispielsweise ist Huntsville, Alabama, ein Zentrum der modernen *Raumfahrt*, vor Louisianas Küsten wird *Öl* gefördert, und Charlotte in North Carolina ist seit den Tagen des ersten Goldrausches zu einer bedeutenden *Finanzmetropole* herangewachsen.

Zwischen Mark Twain, Blues und Museumslandschaften

Viele Aspekte des Südens fanden Eingang in die **Weltliteratur**, z. B. das Leben am Mississippi Ende des 19. Jh., das keiner so meisterhaft beschrieb wie der als Samuel L. Clemens geborene Mark Twain (1835–1910). Etwas früher hatte Harriet Beecher Stowe (1811–1896) mit ihrer Schilderung des traurigen Schicksals des Sklaven Onkel Tom weltweit für Gesprächsstoff gesorgt. Im 20. Jh. beschrieb der große Romancier William Faulkner (1897–1962) die Kämpfe und Wirren einer überlebten Gesellschaft, die vor der Notwendigkeit zum Wandel lange die Augen verschloss.

Auch die **Musikwelt** verdankt dem Süden viel: Die mitreißende traditionelle Musik nennen Weiße *Cajun*, Schwarze *Zydeco*; sie wird mit Akkordeon und Geige gespielt, eventuell verstärkt durch das Waschbrett als Rhythmusinstrument. Das vibrierende New Orleans ist die Heimat des *Jazz*. Hier wurde 1900 der später so berühmte Trompeter Louis Armstrong geboren. Die Entstehung des *Blues* verbindet man mit der Beale Street in Memphis, in der neben William C. Handy übrigens auch ›King‹ Elvis Presley seine beispiellose Karriere begann. Eine gänzlich andere Art von Musik ist *Country & Western*, als deren Zentrum Nashville gilt. Dort füllten und füllen Stars wie Johnny Cash, Willie Nelson, Dolly Parton oder Garth Brooks die Konzerthalle *Grand Ole Opry*.

Einfallsreich konzipierte **Museen** runden die Kulturlandschaft des Südens ab. Glanzpunkte sind etwa das *U.S. Space & Rocket Center* in Huntsville mit einem ›Raketengarten‹ und einer Nachbildung des Space Shuttle, das *History Center* von Atlanta, in dem Schaustücke und Dokumente die Geschichte des Südens illustrieren, oder das *New Orleans Museum of Art* mit internationalen Exponaten aus mehreren Jahrtausenden, von chinesischer Jadeschnitzerei bis zu amerikanischer Pop-Art. Auch sollte man zumindest eines der detailfreudig entworfenen **Freilichtmuseen** besuchen, etwa das *Museum of Appalachia* bei Norris, in dem

Links unten: *Nostalgischen Charme versprühen die ›Ladies in Red‹ der Riverfront-Linie in New Orleans*
Oben: *Charlotte – wichtiges Finanzzentrum und größte Stadt in North Carolina*
Unten: *Typisch New Orleans – Second-Line-Jazz-Band im French Quarter*

man das entbehrungsreiche Leben früher weißer Bergfarmer kennen lernt. Eine Sonderstellung nimmt *Old Salem* mit seinen originalen Wohn- und Wirtschaftsgebäuden aus dem 18. Jh. ein, da es zugleich Museum und bewohnter Stadtteil von Winston-Salem ist.

Von Native Americans, Cajuns und Sklaven

Vor Ankunft der Weißen siedelten zahlreiche Stämme im fruchtbaren Süden; die mächtigsten waren Chickasaw, Choctaw, Creek und Cherokee. Sie alle verloren durch Kämpfe, Vertragsbrüche oder Umsiedlung ihr Land Stück für Stück an die Weißen. Heute leben in North Carolina noch **Cherokee**. Ihre *Qualla Boundary Reservation* südlich des Great Smoky Mountains National Park wird nicht zuletzt wegen des Kasinos gern besucht.

Die Vorfahren der **Cajuns** stammen aus der einstigen frankokanadischen Provinz *L'Acadie*, dem heutigen Nova Scotia, aus der sie Mitte des 18. Jh. von britischen Siedlern vertrieben wurden. Sie fanden eine neue Heimat im südlichen Louisiana. Im *Cajun Country* zwischen New Orleans, New Iberia und Lafayette bewahren ihre Nachkommen bis heute ihre eigenständige Kultur, den französischen Dialekt, die mitreißende Musik und pflegen – nicht zuletzt – ihre vorzügliche Küche.

Auf dem Weg durch die Südstaaten sind neben den Herrenhäusern immer wieder einfache Backsteinhütten zu sehen, die einstigen Quartiere **schwarzer Sklaven**. Als Ende des 18. Jh. Eli Whitney eine Baumwollentkernungsmaschine erfand, lohnte sich der großflächige Anbau.

Links oben: *Die Waren stapeln sich bis unter die Decke – einkaufen wie früher im French Quarter in New Orleans*
Links unten: *Das New State Capitol von Jackson ziert ein 2,5 m großer vergoldeter Adler mit 5 m breiten Schwingen*
Rechts: *Zurück zur Natur – bei einer Swamptour in den mysteriösen Bayou Lousianas*
Unten: *Inbegriff des Südens – mit dem Schaufelraddampfer auf dem Mississippi*

Zur Bewirtschaftung ihrer riesigen Felder benötigten die Plantagenbesitzer jedoch dringend billige Arbeitskräfte. Städte wie Charleston, Natchez oder Algiers bei New Orleans waren im frühen 19. Jh. als bedeutende Sklavenmärkte bekannt. Nach dem Sezessionskrieg änderte sich zwar der gesetzliche Status der vormaligen Sklaven, nicht jedoch ihr gesellschaftlicher Stand. So führt eine Reise durch die Südstaaten zwangsläufig zu den Schauplätzen der schwarzen **Bürgerrechtsbewegung**, die in den 1950er- und 1960er-Jahren Gleichberechtigung forderte. So kann man etwa in Montgomery dem berühmten Busboykott der Jahre 1955/56 nachspüren oder im *National Civil Rights Museum* von Memphis Martin Luther King Jr. gedenken, der 1968 auf dem Balkon des damaligen Lorraine Motels erschossen wurde.

Der Reiseführer

Dieser Band beschreibt die Südstaaten der USA in sechs Kapiteln. Den Besichtigungspunkten folgen **Praktische Hinweise** mit Adressen von Touristeninformationen, Hotel- und Restaurantempfehlungen. Die **Top Tipps** verweisen auf besondere Höhepunkte bei Sehenswürdigkeiten, Hotels und Restaurants. **Übersichtskarten** und **Stadtpläne** erleichtern die Orientierung. **USA Südstaaten aktuell A bis Z** informiert über Wissenswertes von der Anreise über Einkaufs- und Sportmöglichkeiten bis zu Verkehrsmitteln. Ein praktischer **Sprachführer** und ein **Kaleidoskop** interessanter Kurzessays runden den Reiseführer ab.

Geschichte, Kunst, Kultur im Überblick

Von Cherokees, Cajuns, Sezessionskrieg und Bürgerrechtsbewegung

um 10 000 v.Chr. Jäger und Sammler gelangen von Sibirien auf der ehem. Landbrücke über die heutige Beringstraße nach Alaska.

um 1000 v. Chr.–900 n. Chr. In der frühen Waldland-Periode treten Pfeil und Bogen als neue Jagdwaffen in Erscheinung. Töpferei kommt auf, es entstehen permanente Dörfer.

um 900–1500 Die Mississippi-Kultur gelangt in den fruchtbaren Ebenen am großen Strom zu hoher Blüte. Es gibt Städte mit mehrtausendköpfiger Bevölkerung, man perfektioniert den Ackerbau und treibt Handel mit Mittelamerika. Aufgeschüttete Hügel (›mounds‹), etwa bei Etowah nördlich des heutigen Atlanta, dienen als Grabstätten oder Zeremonienorte.

1492 Christoph Kolumbus entdeckt Amerika für Europa. In der irrigen Annahme, Indien erreicht zu haben, bezeichnet er die Ureinwohner als Indianer. Der fruchtbare Süden der heutigen USA ist relativ dicht besiedelt, u. a. von Natchez, Creek, Cherokee und Chickasaw.

1539–42 Hernando de Soto, der spanische Gouverneur von Kuba, landet auf der Suche nach Reichtümern im heutigen Florida. Er durchquert fast das gesamte Gebiet des heutigen Südens, ehe er am Mississippi stirbt.

1585 Auf Roanoke Island lassen Sir Walter Raleigh und Sir Richard Greenville die erste englische Siedlung in Nordamerika errichten. Sie wird fünf Jahre später verlassen vorgefunden.

1663 Der englische König Charles II. überträgt das Land zwischen Virginia und Florida an acht Adlige zur Erschließung. Daraus entstehen 1729 die Kolonien North und South Carolina.

1682 Unter dem Namen ›Louisiana‹ nimmt Robert Cavelier, Sieur de La Salle, das gesamte Einzugsgebiet des Mississippi für Frankreich in Besitz.

1699 Franzosen unter Pierre Le Moyne, Sieur d'Iberville, gründen an der östlichen Biloxi Bay Fort Maurepas, die erste dauerhafte Niederlassung in Louisiana.

1718 Jean-Baptiste Le Moyne, Sieur de Bienville, Bruder von Pierre Le Moyne, legt im Mündungsbereich des Mississippi den Grundstein für die Siedlung La Nouvelle Orléans.

1729 Das Volk der Natchez verteidigt sein Land gegen weiße Besiedlungsversuche. Sie erobern Fort Rosalie (heute Natchez) und bringen der französischen Kolonie Louisiana die schwerste militärische Niederlage ihrer Geschichte bei.

1742 Im Battle of Bloody Marsh auf St. Simons Island vor der Küste des heutigen Georgia siegen britische Truppen unter General James Edward Oglethorpe. Die unterlegenen Spanier ziehen sich endgültig auf ihr Terrain in Florida zurück.

1763 Der Frieden von Paris beendet den Siebenjährigen Krieg, der in Nordamerika als French and Indian War ausgetragen wurde. Vereinbarungsgemäß fällt Louisiana östlich des Mississippi an Großbritannien, der westliche Teil sowie New Orleans an Spanien. Zugleich sperrt der britische König George III. in der Proclamation of 1763 das Land westlich der Appalachen für weiße Siedler. Unter Missachtung dieses Erlasses dringen die Bewohner an der ›Frontier‹, der Westgrenze, aber allmählich über die Berge ins Territorium der Native Americans.

1764–85 Die um 1755 von den Briten aus der Provinz L'Acadie in Ostkanada vertriebenen französischsprachigen Akadier lassen sich im Süden von Louisiana nie-

Muschelschnitzereien (um 1000 v. Chr.) der Mississippi-Kultur, gefunden in Etowah

Die Zeichnung von 1861 zeigt einen damals typischen Sklavenmarkt im Süden der USA

der. Ihre Nachkommen, die Cajuns, prägen die Region.

1772 Mit der Watauga Association organisieren weiße Siedler im Osten des heutigen Tennessee, damals Teil von North Carolina, eine eigenständige, von den Briten unabhängige Verwaltung.

1775–83 Acht Jahre tobt der Unabhängigkeitskrieg zwischen Mutterland und den unbotmäßigen Kolonien. Am 4. Juli 1776 erklärt eine Union aus 13 amerikanischen Kolonien, darunter North Carolina, South Carolina und Georgia, ihre Unabhängigkeit von Großbritannien. Nach dem Sieg der jungen Republik erkennt Großbritannien im Frieden von Versailles die Souveränität der USA an.

1788 Georgia unterzeichnet im Januar, South Carolina im Mai die Verfassung der Vereinigten Staaten von Amerika.

1789 Als 12. Staat ratifiziert North Carolina im November die US-Verfassung.

1793 Eli Whitney erfindet die Baumwollentkernungsmaschine. Nun kann die Pflanzenfaser industriell in großen Mengen verarbeitet werden. Bald tritt ›King Cotton‹ auf riesigen, von Sklaven bewirtschafteten Plantagen seinen Siegeszug im Süden der USA an.

1796 Tennessee tritt im Juni als 16. Bundesstaat der Union bei.

1800 Napoleon erwirbt das nach Westen hin nicht eindeutig begrenzte Louisiana von Spanien.

1803 Im Louisiana Purchase kaufen die USA von Frankreich für 15 Mio. $ das Land zwischen Mississippi und Rocky Mountains inklusive der Stadt New Orleans und verdoppeln damit annähernd ihr Staatsgebiet.

1808 Die USA beenden den Import von schwarzen Sklaven, doch im Land wird weiter Menschenhandel betrieben.

1811–12 Als erster Schaufelraddampfer fährt die ›New Orleans‹ von Pittsburgh am Ohio (Pennsylvania) bis New Orleans an der Mündung des Mississippi und legt dabei die 3000 km in 84 Tagen zurück.

1814 Eine Miliz aus Tennessee unter Andrew Jackson schlägt die Creek am Horseshoe Bend in Alabama vernichtend. In einem Friedensvertrag treten die Creek einen Großteil ihres Landes im heutigen Alabama an die USA ab.

1815 Weihnachten 1814 wird im Frieden von Gent der Britisch-amerikanische Krieg (1812–14) beigelegt. Doch die Nachricht gelangt nicht rechtzeitig in die Neue Welt: Die britischen Truppen greifen New Orleans an, werden aber von den Verteidigern unter General Andrew Jackson aufgerieben.

1817 Im Dezember wird Mississippi der 20. Bundesstaat der Union.

1819 Alabama tritt im Dezember als 22. Bundesstaat der Union bei.

1838–39 Rund 16 000 Cherokee aus den Appalachen werden von der US-Armee zwangsweise ins Indian Territory nach Oklahoma umgesiedelt. Auf dem knapp 2000 km langen Fußmarsch, dem Trail of Tears, stirbt fast ein Viertel der Vertriebenen an Erschöpfung.

1852 Der Roman ›Uncle Tom's Cabin‹ (›Onkel Toms Hütte‹) von Harriet Beecher Stowe (1811–1896) thematisiert die Sklavenhaltung in den USA und facht heftige Diskussionen darüber an.

1860 Abraham Lincoln wird zum Präsidenten der USA gewählt.

1861 Die als ungerecht empfundene föderale Steuerpolitik und der Streit um die Rechtmäßigkeit der Sklaverei spalten die Nation. In Montgomery, Alabama, erklären sich die sklavenhaltenden Südstaaten (Konföderation) zum unabhängigen Staatenbund. Ihr gewählter Präsident Jefferson Davis gibt Befehl, auf das von nordstaatlichen Unionstruppen gehaltene Fort Sumter im Hafen von Charleston, South Carolina, zu schießen. Damit beginnt der vierjährige ›Amerikanische Bürgerkrieg‹, auch bekannt als Sezessionskrieg bzw. Civil War, der 620 000 Soldaten das Leben kostet.

1864 Im Mai brennen Unionstruppen unter General William T. Sherman Atlanta nieder und hinterlassen auf ihrem ›Marsch zur See‹ nach Savannah eine Schneise der Verwüstung.

1903 verwirklicht Wilbur Wright den alten Menschheitstraum vom Fliegen

1865 In Appomattox Courthouse, Virginia, unterzeichnet Südstaatengeneral Robert E. Lee in Gegenwart des Unionsgenerals Ulysses S. Grant die Kapitulation. Durch einen Verfassungszusatz wird die Sklaverei in den USA abgeschafft, was den Zusammenbruch der Plantagenwirtschaft im Süden zur Folge hat.
1866 In Pulaski, Tennessee, schließen sich Weiße zum Ku-Klux-Klan zusammen, der mit Brandschatzungen, Auspeitschungen und Femeorden gegen die Integration von Schwarzen vorgeht und noch ein Jahrhundert später gegen die Bürgerrechtsbewegung wütet.
um 1870 Die Blütezeit der Schaufelraddampfer auf dem Mississippi. Ein knapp 1800 km langes Dampferrennen von New Orleans nach St. Louis gewinnt die ›Robert E. Lee‹ in der Rekordzeit von 3 Tagen und 18 Stunden.
1881 In der Kleinstadt Tuskegee, Alabama, nimmt das von Booker T. Washington gegründete Tuskegee Institute mit 30 schwarzen Schülern den Lehrbetrieb auf. Der einflussreiche, 1856 als Sklave geborene Pädagoge († 1915) will Gleichberechtigung für Schwarze durch Ausbildung und Selbsthilfe erreichen.
1886 Der in Atlanta, Georgia, ansässige Apotheker John S. Pemberton erfindet eine erfrischende Limonade, die sein Buchhalter Frank M. Robinson nach den Hauptbestandteilen (Kokablätter und Kolanuss) Coca-Cola nennt.
1903 In Kill Devil Hills auf Bodie Island in North Carolina gelingt der erste Motorflug der Brüder Orville und Wilbur Wright.
1908 Der Musiker William Christopher Handy komponiert einen Song mit damals neuartigen Stilelementen, der als ›Memphis Blues‹ weltberühmt wird.
1919 Louis ›Satchmo‹ Armstrong (1900–1971) beginnt seine Karriere als Jazzsänger und -trompeter in den Bars seiner Heimatstadt New Orleans.
1925 In Nashville wird erstmals eine Radiosendung mit Countrymusik ausgestrahlt, die damalige Kleinstadt in Tennessee avanciert zum Mekka der Musikrichtung.
1933 Präsident Franklin D. Roosevelt (1882–1945) gründet die Tennessee Valley Authority (TVA), die mit Staudämmen den Tennessee River reguliert und die Region, bis dahin eine der ärmsten des Südens, mit Strom versorgt.
1939 Der Film ›Gone with the Wind‹ (›Vom Winde verweht‹) mit den Hauptdarstellern Vivien Leigh und Clark Gable wird in Atlanta uraufgeführt. Das Epos über die Sezessionskriegszeit basiert auf dem drei Jahre zuvor erschienenen Bestseller von Margaret Mitchell (1900–1949).
1947 Tennessee Williams (1911–1983) lotet mit seinem Drama ›A Streetcar Named Desire‹ (›Endstation Sehnsucht‹) anhand einer in New Orleans angesiedelten Familiengeschichte die Abgründe der menschlichen Psyche aus.
1950 Der Literaturnobelpreis geht an den aus Mississippi stammenden Schriftsteller William Faulkner (1897–1962).
1954 Elvis Aaron Presley (1935–1977), der spätere ›King of Rock'n'Roll‹, nimmt im Sun Studio in Memphis seine ersten Platten auf.
1955–56 Die schwarze Näherin Rosa Parks bleibt in Montgomery, Alabama, auf ihrem Platz im Bus sitzen, obwohl ein Weißer sie auffordert aufzustehen. Nach ihrer Verhaftung boykottiert die schwarze Bevölkerung der Stadt die öffentlichen Verkehrsmittel. Der Busboykott endet erst, als die Rassentrennung in städtischen Bussen verboten wird.
1960–70 Als Direktor des George C. Marshall Space Flight Center der NASA in Huntsville, Alabama, ist der deutsche Raketenexperte Dr. Wernher von Braun maßgeblich an Apollo 11, dem erfolgreichen US-Mondlandeprogramm, beteiligt.
1962 Der Gouverneur von Mississippi, Ross Barnett, protestiert öffentlich gegen die Immatrikulation von James Meredith, des ersten schwarzen Studenten an der Universität von Mississippi in Oxford. Erst unter Polizeischutz kann Meredith sein Studium antreten.
1963 Bei der größten Bürgerrechtsdemonstration der US-Geschichte erläutert Dr. Martin Luther King Jr. in der Landeshauptstadt Washington D. C. 250 000 Zuhörern in der berühmten Rede ›I Have a Dream‹ seine Vision von einem Staat ohne Rassenschranken.

1964 Präsident Lyndon B. Johnson verabschiedet den Civil Rights Act, der schwarzen US-Bürgern die Gleichstellung mit weißen garantiert.
1968 Der Friedensnobelpreisträger Dr. Martin Luther King Jr. wird in Memphis erschossen.
1974 In Atlanta wird Maynard Jackson zum ersten schwarzen Bürgermeister gewählt.
1976 Jimmy Carter, ehem. Gouverneur von Georgia, übernimmt das Amt des US-Präsidenten.
1996 Die Olympischen Sommerspiele finden in Atlanta, Georgia, statt.
2005 Am 29. August rast der Hurrikan ›Katrina‹ mit 182 km/h über die Golfküste Mississippis und Louisianas. Besonders betroffen ist New Orleans, dessen Stadtgebiet zu 80 Prozent unter dem Meeresspiegel zwischen Mississippi und Lake Pontchartrain liegt. Durch den Wirbelsturm verlieren etwa 1800 Menschen ihr Leben und schätzungsweise 1 Mio. ihre Bleibe.
2008 Im November wird der demokratische Senator Barack Obama aus Illinois zum neuen US-Präsidenten gewählt und ist damit der erste US-Präsident mit afroamerikanischen Wurzeln.
2009 North Carolina erklärt die Bergregion am Grandfather Mountain zum State Park.
2012 Ende Oktober trifft Hurrikan ›Sandy‹ zunächst auf die Südostküste der USA. ›Sandy‹, einer der größten jemals gemessenen Wirbelstürme, rast die Ostküste hoch und verursacht verheerende Zerstörungen. Bei Atlantic City, New Jersey, trifft der Hurrikan auf Land. Nicht nur in New York City kommt das öffentliche Leben völlig zum Erliegen. Schließlich vereinigt sich Superstorm ›Sandy‹ mit einem Tief zum sogenannten ›Frankenstorm‹, der noch im Landesinneren von New England und an den Großen Seen zu starken Regen- und Schneefällen sowie verheerenden Überschwemmungen führt.
2013 Barack Obama tritt am 20. Januar seine zweite Amtszeit als Präsident der USA an. Vizepräsident bleibt Joe Biden aus Delaware. – Präsident Obamas Gesetz, dass ab 2014 alle US-Amerikaner eine Krankenversicherung haben müssen, tritt am 1. Oktober in Kraft, wird aber vom erzkonservativen Tea-Party-Flügel der Republikaner abgelehnt. – Im Kongress entbrennt ein erbitterter Etatstreit. Weil der Kongress keinen Kompromiss bezüglich der Erhöhung der Schuldengrenze der USA findet, kommt es zum ›Government Shutdown‹: Wegen der drohenden Zahlungsunfähigkeit der USA tritt eine Haushaltssperre in Kraft. Nationalparks, Museen und andere nationale Einrichtungen bleiben geschlossen, rund 800 000 Mitarbeiter müssen zunächst unbefristet und unbezahlt zu Hause bleiben. Erst am 17. Oktober einigt man sich auf eine Lösung.

Als einfacher Junge vom Land beginnt Elvis Presley 1954 seine spektakuläre Karriere

2015 Stürme und Rekordregenfälle verursachen Überschwemmungen historischen Ausmaßes, vor allem in South Carolina, dort wird der nationale Notstand ausgerufen.
2016 Am 8. November wird der Milliardär Donald Trump zum 45. US-Präsidenten gewählt. Nach einem harten Wahlkampf mit vielen Skandalen unterliegt die Demokratin Hillary Clinton dem Favoriten der Republikaner. Es kommt zu landesweiten Protesten gegen Trump und dessen rassistische und sexistische Äußerungen.

2005 verwüstet der Hurrikan ›Katrina‹ die Küsten der Bundesstaaten Mississippi und Louisiana

Unterwegs

Second-Line-Jazz-Band im historischen French Quarter in New Orleans – der ›Wiege des Jazz‹

TREME
Restaurant
Royal

New Orleans und Cajun Country – ein Stück Frankreich in Amerika

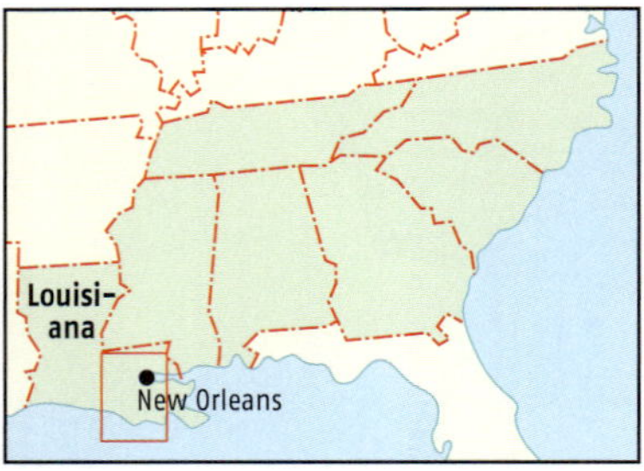

New Orleans ist ein kosmopolitischer Schmelztiegel von Kulturen: Spanisch ist die Architektur mit den schattigen Innenhöfen, französisch die Straßennamen, karibisch-afrikanisch die Musik. Die rund 170 km vom Golf von Mexiko entfernte Stadt am **Mississippi** machte 2005 Schlagzeilen, als infolge des Hurrikans ›Katrina‹ große Teile des Stadtgebiets überflutet wurden. Inzwischen verkehren auf dem Fluss gemächliche Schaufelraddampfer, nur befördern sie heute wie vor der großen Flut wieder Touristen auf Sightseeing-Ausflügen. Im 19. Jh. waren Baumwolle, Indigo und Tabak ihre Fracht.

Besonders anschaulich beschrieb der Schriftsteller **Mark Twain** (1835–1910) das damalige Leben am *Ole Man River*. Seine Bestseller ›Die Abenteuer Tom Sawyers‹ oder ›Abenteuer und Fahrten des Huckleberry Finn‹ vermitteln etwas von Dampfschiffromantik und Südstaatennoblesse, aber auch von Klassengesellschaft und Sklaverei. An diese Zeiten erinnern auch restaurierte herrschaftliche **Plantagenhäuser** wie Destrehan oder San Francisco Plantation, die zwischen New Orleans und Baton Rouge an den Ufern des Mississippi zu besichtigen sind.

Unmittelbar westlich von New Orleans breiten sich grüne **Sümpfe** aus, durchzogen von schnurgeraden Kanälen oder *Bayous*, trägen Wasserläufen, und Altwasserarmen des Mississippi. Das hier beginnende **Cajun Country** reicht über New Iberia bis nach Lafayette im Westen. Rund 25 % der Einwohner dieser ländlichen Region verstehen sich als *Cajuns* [s. S. 33], Nachfahren der *Acadiens*, die ihren französischen Dialekt vor allem in der Musik pflegen.

Nostalgischer Schaufelraddampfer in New Orleans, der lebenslustigen Stadt am Mississippi

Plan S. 22/23

1 New Orleans

Süden pur: Jazz und Mardi Gras in der faszinierenden Metropole am Mississippi.

New Orleans (384300 Einw., Großraum 1,3 Mio. Einw.) gilt als Wiege des **Jazz**. In der Hafenstadt wurde mit Louis Armstrong am 4. Juli 1900 einer der Großen der Jazzmusik geboren. Rhythmus und Musik bestimmen auch **Mardi Gras**. Das bunte Treiben im Februar ist nach dem ›fetten Dienstag‹ benannt, dem Faschingsdienstag, an dem die zweiwöchigen Straßenfeste, Maskenbälle und Paraden des berühmten Karnevals von New Orleans ihren Höhepunkt finden.

Geprägt wird New Orleans vom Mississippi. Die **Crescent City** liegt an einer halbmondförmigen (engl. *crescent*) Flussschleife des hier bis zu 800 m breiten *Ole Man River*. Die Stadt liegt durchschnittlich 1,5 m unterhalb des Meeresspiegels, vor dem Wasser durch Dämme geschützt. Das Zentrum zwängt sich auf ein schmales Landstück zwischen dem Mississippi im Süden und dem ca. 2600 km^2 großen, flachen See **Lake Pontchartrain** im Norden, der als Naherholungsgebiet sehr beliebt ist. Die Gewässer dienen zur Orientierung: *Riverside* bedeutet am Mississippi und *Lakeside* am See, mit *Downriver* bezeichnet man die Downtown flussabwärts, mit *Upriver* die Uptown flussaufwärts.

Geschichte 1718 gründete Jean-Baptiste Le Moyne, Sieur de Bienville, strategisch günstig am Ufer des Mississippi die Siedlung La Nouvelle Orléans, die bereits fünf Jahre später Hauptstadt der französischen Kolonie Louisianas wurde. Als der Ort 1763 durch den Frieden von Paris an Spanien fiel, mischte sich die elegante französische Gesellschaft bald mit den

aristokratischen Spaniern. Geprägt wurde das öffentliche Leben in New Orleans von der damaligen Oberschicht der **Kreolen**, wie die in den amerikanischen Kolonien geborenen Nachkommen französischer und spanischer Siedler genannt wurden, die z.T. auch Native Americans oder Schwarze zu ihren Vorfahren zählten. Seit Mitte des 18. Jh. entstanden in den Niederungen um New Orleans ausgedehnte Zuckerrohrplantagen, die bald granulierten Zucker in alle Welt exportierten.

1803 fiel die Stadt mit dem **Louisiana Purchase** an die USA. Zum Unwillen der Kreolen, die ihren vornehmen europäischen Lebensstil gefährdet sahen, strömten immer mehr profitorientierte, fortschrittsgläubige Angloamerikaner in die Stadt. Sie siedelten außerhalb des traditionell kreolischen Vieux Carré in den neu entstandenen Vierteln Uptown und Garden District.

Die ersten **Schaufelraddampfer**, die 1812 Waren aus dem Norden in den Mississippihafen brachten, verschafften der Stadt einen enormen wirtschaftlichen Impuls. Nun wurden Baumwolle und Zucker in bis dahin unvorstellbaren Mengen verschifft, und New Orleans wuchs zu einem der bedeutendsten Exporthäfen der USA. Dieser war auch ein strategisch wichtiges Ziel im 1812 ausgebrochenen Britisch-Amerikanischen Krieg. Tragischerweise griffen britische Truppen am 8. Januar 1815 New Orleans an, weil sie noch nichts vom Friedensschluss Weihnachten 1814 wussten. Auf dem **Chalmette Battlefield**, vom Zentrum 10 km flussabwärts, wurden die Engländer von einer zahlenmäßig unterlegenen Schar US-Soldaten, Schmugglern des legendären Abenteurers Jean Lafitte sowie kreolischen und angloamerikanischen Freiwilligen unter dem Oberbefehl von General Andrew Jackson vernichtend geschlagen.

1840 war New Orleans einer der führenden **Baumwollexporthäfen** und die viertgrößte Stadt der USA, um 1850 ihr größter Sklavenmarkt. Der Sezessionskrieg bremste 1862 die Entwicklung, fast kampflos marschierte die Nordstaatenarmee in der Crescent City ein, das so von größeren Zerstörungen verschont blieb.

Nach dem Krieg wurden verstärkt Deiche und Abflusskanäle angelegt, um das durch den Mississippi bedingte **Überschwemmungsproblem** aus der Welt zu schaffen. Die Landwirtschaft im Umland florierte und zog immer mehr europäische Einwanderer an. Das öffentliche Leben in New Orleans wurde zügelloser, und um 1900 war die Stadt im heißen Süden bekannt für unzählige Spielhallen, Bars und Bordelle. Damals entstand der Spitzname **The Big Easy**, was man mit ›Großer Leichtsinn‹ übersetzen kann. Jazz wurde populär, und in den Lokalen stellten viele junge Musiker, unter ihnen auch Louis Armstrong, ihre ersten Stücke vor.

Bekannt ist New Orleans auch für den über die Karibik aus Afrika eingeführten **Voodoo-Kult**, der zauberisch-magische ebenso beinhaltet wie christliche Ele-

Musik liegt in der Luft: spontanes Jazzkonzert im quirligen French Quarter

Früher exerzierten hier Soldaten: Jackson Square mit St. Louis Cathedral

mente. Voodoo hatte im 19. Jh. unter den Sklaven der Südstaaten, aber auch unter den Kreolen zahlreiche Anhänger.

Seit Anfang des 20. Jh. im nahen Golf von Mexiko Öl und Erdgas gefördert wird, entwickelte sich die Stadt zum zweitgrößten Hafen der USA und zu einem der wichtigsten weltweit. New Orleans überstand Flutkatastrophen wie die von 1927 und die Depression der 1930er-Jahre. Im Laufe des 20. Jh. entstanden neue Viertel, etwa der Central Business District, und die Weltausstellung von 1984 verstärkte den **Bauboom** zusätzlich. Von den Verwüstungen 2005 durch Hurrikan ›Katrina‹ und die Überflutung großer Stadtgebiete durch brechende Deiche und Kanalwände, erholt sich New Orleans langsam. Doch wie so oft in ihrer wechselvollen Geschichte konnte die weltberühmte Altstadt ihr Gesicht bewahren. Ansonsten begleiten zahlreiche Begrünungs- und Verschönerungsaktionen den Wiederaufbau von New Orleans. Beispielsweise werden am Ufer des Mississippi neue Rad- und Spazierwege angelegt. Außerdem entstehen Kreuzfahrtterminals, Hotels, Restaurants und ein Museum.

Vieux Carré

Keimzelle und heute noch Mittelpunkt von New Orleans ist das lebhaft-frivole Vieux Carré, die auch **French Quarter** genannte Altstadt zwischen North Rampart Street und Mississippi bzw. Canal Street und Esplanade Avenue. Das 1718 auf schachbrettartigem Grundriss angelegte Viertel wurde 1788 und 1794 durch Großfeuer zerstört, die Gebäude anschließend nach dem Vorbild spanischer Architektur wieder aufgebaut: Filigrane, gusseiserne Zäune, Balkon- und Fenstergitter sowie die typischen Holzblenden vor den Fenstern – sie halten die Sonne ab, lassen aber die Luft gut zirkulieren – schmücken viele der heute denkmalgeschützten Häuser des Viertels.

TOP TIPP

Das Herz des Vieux Carré schlägt am quadratischen, 1856 nach Andrew Jackson (1767–1845) benannten **Jackson Square** 1. Ein Reiterdenkmal des Generals dominiert den mit Grünflächen und Blumenrabatten aufgelockerten Platz, auf dem einst amerikanische Truppen paradierten. Die umliegenden Straßen sind als Fußgängerzonen ausgewiesen; hier unterhalten Maler, Musiker, Kartenleser, Zauberer und Pantomimen ein internationales Publikum.

An der Nordwestseite des Platzes wurde 1794 **St. Louis Cathedral** 2 (www.stlouiscathedral.org, tgl. 8.30–16 Uhr) erbaut, die älteste noch genutzte Kathedrale Louisianas. Erst 1851 wurden dem strahlend weißen, innen sehr schlichten Gotteshaus die drei schiefergrauen Spitztürme und ein säulengeschmückter Portikus im Greek-Revival-Stil angefügt. Links wird die Kirche vom zweistöckigen, arkadengeschmückten **Cabildo of the Louisiana State Museum** 3 www.louisianastatemuseum.org, Di–So 10–16.30 Uhr) flankiert. In dem 1795–99 erbauten spanischen Regierungsgebäude wurde 1803 der Vertrag zum *Louisiana Purchase* unterzeichnet und die zeremonielle Landübergabe vollzogen. Heute illustriert das exzellente Museum die Geschichte Louisianas mit detaillierten Ausstellungen, etwa zu Sklaverei und Sezessionskrieg, aber auch zu Themen wie Musik der Antebellumzeit, Immigrantenschicksale oder die Rolle der Frau in den Südstaaten.

Rechts der Kathedrale schließt sich das 1813–17 beinahe identisch dem Cabildo erbaute **Presbytère** 4 (www.louisianastatemuseum.org, Di–So 10–16.30 Uhr) mit Sammlungen zur lokalen Geschichte und der historischen Gemäldekollektionen des Staates Louisiana an. Beiderseits der St. Louis Cathedral führen die winzigen, von historischen Gebäuden gesäumten und daher besonders pittoresken Gassen **Père Antoine's Alley** 5 und **Pirates Alley** 6 über die Royal Street zur Bourbon Street, der Flaniermeile des Viertels.

Nach Einbruch der Dunkelheit wird die für den Autoverkehr gesperrte **Bourbon Street** 7 zur geschäftigen Vergnügungspromenade. Spaziergänger bummeln im Schein nostalgischer Laternen vorbei an Kneipen, aus deren Fenstern Jazz, Blues und Cajunmusik in die warmen Sommernächte schallt, passieren Restaurants, aus denen die Wohlgerüche des Südens wehen. Man trinkt entgegen sonstiger landestypischer Gepflogenheit Cocktails auf der Straße und sucht das Amüsement.

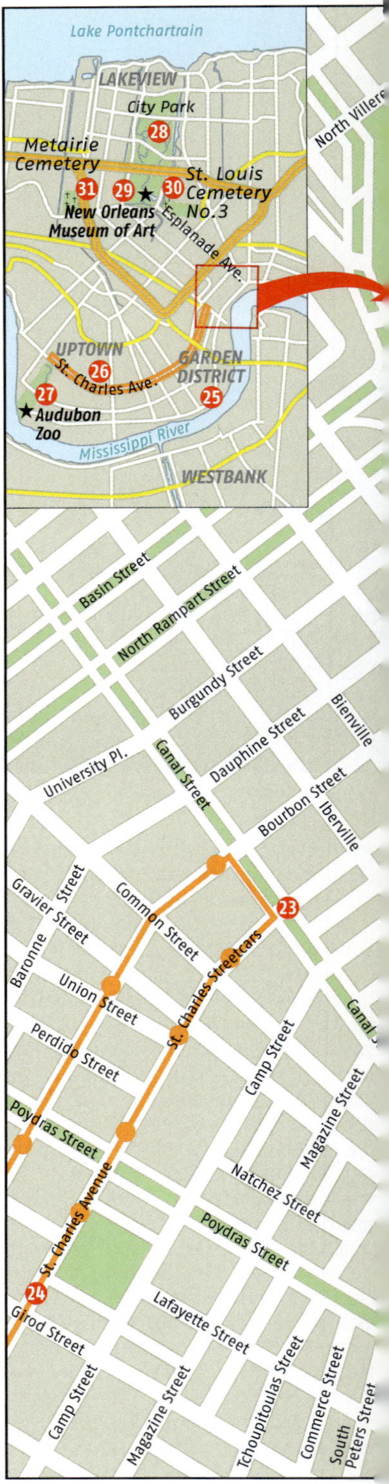

New Orleans
Sehenswertes Objekt
Straßenbahn
0 250m
FRENCH QUARTER
ALGIERS
Mississippi River
1 Jackson Square
2
3 Cabildo of the Louisiana State Museum
St. Louis Cathedral
4 Presbytère
5 Père Antoine's Alley
6 Pirates Alley
7
8 Preservation Hall
10 Historic New Orleans Collection
11 Madam John's Legacy
12 Gallier House
13 Old Ursulines Convent
14 French Market
15 Old U.S. Mint
16
17 Jax Brewery
18 Woldenberg Riverfront Park
20 Aquarium of the Americas
21 Canal Street Ferry
22
Moon Walk
Riverboat Docks
Spanish Plaza
Mahalia Jackson Theatre of the Performing Arts
St. Philip Street
Ursulines Avenue
Gov. Nicholls Street
Esplanade Ave.
Kerlerec Street
St. Claude Avenue
Burgundy Street
Dauphine Street
Bourbon Street
Barracks Street
Royal Street
Chartres Street
Decatur Street
North Peters Street
Frenchmen Street
Rampart Street
St. Ann Street
Orleans Street
St. Peter Street
Toulouse Street
Pelican Ave.
Powder Street
Bounty Street
Sequin Street
Patterson St.
Wells Street

Eine Institution des Vieux Carré ist die äußerlich unscheinbare **Preservation Hall** 8 (726 St. Peter St., www.preservationhall.com, tgl. 20–23 Uhr). Seit 1961 wird in dem nur rund 50 Zuhörer fassenden kargen Raum Abend für Abend unverfälschter Jazz gespielt. Etwa alle 30 Minuten werden in einer Pause neue Musikfans eingelassen. Getränke gibt es keine. Setzt man den Spaziergang durch das Viertel fort, sollte man sich das 1831 erbaute **Hermann-Grima House** 9 (820 St. Louis St., www.hgghh.org, Führungen Mo/Di, Do/Fr 10, 11, 12, 13 und 14, Sa 12, 13, 14 und 15 Uhr) ansehen, das den kreolischen Lebensstil zwischen 1830 und 1860 veranschaulicht. In seinem sachlichen Federal Style unterscheidet es sich von der dominierenden kreolischen Architektur, die durch pastellfarbene Anstriche und verspielte Holzschnitzereien auffällt. Zudem besaß es als einziges Haus im eng bebauten French Quarter einen großzügigen Innenhof mit Küchenhaus und Reitstall.

Die **Historic New Orleans Collection** 10 (www.hnoc.org, Di–Sa 9.30–16.30 Uhr) sollte aufsuchen, wer sich für die Geschichte New Orleans interessiert. Die Sammlungen sind in mehreren historischen Gebäuden an der Royal und Charters Street beheimatet. Besonders empfehlenswert ist die *Williams Gallery* im Merieult House von 1792 (533 Royal St.). Möbel, Gebrauchsgegenstände und Gemälde lassen 300 Jahre Geschichte von New Orleans lebendig werden.

Das Haus **Madame John's Legacy** 11 (632 Dumaine St., www.louisianastatemuseum.org, Di–So 10–16.30 Uhr) bietet mit seinem Stelzenunterbau und dem überkragenden Dach ein gutes Beispiel für den im 18. Jh. im Süden weit verbreiteten Louisiana Colonial Style.

Parallel zur Bourbon Street führt die Royal Street in östliche Richtung zum 1857 errichteten **Gallier House** 12 (www.hgghh.org, Führungen Mo und Do/Fr 10, 12 und 14, Sa 12, 13 und 14 Uhr) mit der Hausnummer 1132. Das viktorianische Gebäude des vermögenden Architekten James Gallier zeichnet sich durch kunstvolle gusseiserne Balkongitter und seine historische Einrichtung aus. Eine Querstraße weiter südlich hat in der Chartres Street das um 1749 von Ursulinenschwestern bezogene **Old Ursulines Convent** 13 die verheerenden Brände von 1788 und 1794 unversehrt überstanden. Es ist eines der ältesten erhaltenen Bauwerke der Stadt und beheimatet die katholischen Diözesanarchive ab Jahrgang 1718.

Den südöstlichen Teil des Viertels nimmt der lebhafte **French Market** 14 (www.frenchmarket.org, tgl. 9–18 Uhr) an North Peters- und Decatur Street ein.

Jazz vom Feinsten wird jeden Abend in der Preservation Hall geboten. Die Zuhörer nehmen lange Wartezeiten in Kauf, um in den Genuss eines Konzerts zu kommen

Gediegenen Wohlstand verrät die Einrichtung aus dem 19. Jh. im Gallier House

Unter Arkaden, an Ständen und in Hallen wird seit über 200 Jahren der städtische Obst- und Gemüsemarkt abgehalten. Nebenan kann man über den Flohmarkt schlendern oder sich in einem der zahlreichen Restaurants und Cafés ausruhen. Unweit davon, an der östlichen Ecke des Vieux Carré, diente die 1835 erbaute **Old U.S. Mint** 15 (400 Esplanade Ave., www.musicatthemint.org, Di–So 10–16.30 Uhr) 1838–1909 als Münzprägeanstalt. Heute dokumentiert hier ein Museum die Entwicklung des Jazz im Großraum New Orleans, stellt z. B. die Original Dixieland Jazz Band und andere Jazzgrößen vor. Darunter darf natürlich **Louis ›Satchmo‹ Armstrong** (1900–1971) nicht fehlen, der seine Karriere während der Verbüßung einer Haftstrafe im *Municipal Boy's Home* begann. Dort lernte er so virtuos Trompete zu spielen, dass er schon bald mit den Top-Jazz-Bands jener Zeit auftrat: ab 1919 bei ›Kid‹ Ory und Fate Marable, ab 1922 bei ›King‹ Oliver. 1925 folgten erste Schallplattenaufnahmen mit seiner eigenen Truppe, den *Louis Armstrong's Hot Five*. Noch heute gilt der Name des begnadeten Musikers und unverwechselbaren Sängers als Synonym für Jazz schlechthin.

Vom Aquarium nach Algiers

Eine breite, parkähnliche Flaniermeile begleitet das nördliche Mississippiufer, stets belebt durch Straßenmusiker, -künstler und Passanten. An dem **Moon Walk** 16 genannten Promenadenweg liegt die *Natchez*, einer der nostalgischen Schaufelraddampfer, die mehrmals täglich zu Sightseeing-Touren auf dem Fluss starten. Am südlichen Ende der Uferpromenade ragt der trutzige Backsteinbau der **Jax Brewery** 17 (600 Decatur St., www.jacksonbrewery.com, tgl. 10–19 Uhr) empor, einer ehemaligen Brauerei. Ihre Hallen wurden in ein einladendes, modernes Einkaufs- und Vergnügungszentrum verwandelt.

An den Moon Walk schließt sich der **Woldenberg Riverfront Park** 18 an, ein mit Bäumen und Skulpturen reich ausgestatteter Grüngürtel. Er endet im Süden an der **Canal Street** 19, einer der Hauptverkehrsachsen der Stadt und gleichzeitig der westlichen Begrenzung des Vieux Carré. Hier befindet sich unmittelbar am Mississippiufer das hochmoderne **Aquarium of the Americas** 20 (1 Canal St., www.auduboninstitute.org, tgl. 10–17 Uhr). Fische, Alligatoren und andere Tiere des Mississippideltas, des Golfs von Mexiko, des Atlantiks, des Amazonas und weiterer Gewässer der Welt bewohnen die geräumigen Becken. Top-Attraktion ist der Acrylglastunnel durch ein von Haien und tropischen Fischen bevölkertes karibisches Korallenriff. Das *Entergy IMAX Theatre* (tgl. 10–17 Uhr, unterschiedliche Spielzeiten, www.audubonnatureinstitute.org) präsentiert u. a. naturwissenschaftliche Filme in 3-D.

Traum in Weiß – der Garden District von New Orleans ist bekannt für seine noblen Villen

Immobilien aus ›besseren Tagen‹

Als Symbole der Südstaaten gelten die prachtvollen Antebellumhäuser (›ante bellum‹, lat. ›vor dem Krieg‹) aus der Zeit vor dem Sezessionskrieg (1861–65), deren Architekturstile unterschiedlich charakterisiert werden können:

Early Colonial Style (ca. 1690–1760)

Ein steiles Giebeldach kennzeichnet die zumeist kastenförmigen Häuser. Im Laufe des 18. Jh. werden die zunächst kleinen Sprossenfenster größer und verteilen sich symmetrischer über die Fassade, Kamine liegen an den Außenseiten. Der Luftzirkulation im schwülwarmen Sommer dient ein zentral durchgehender, breiter Flur. In Charleston, South Carolina, stehen u. a. an der Broad Street einige solcher Häuser, etwa das John Lining House (Nr. 106).

French (Louisiana) Colonial Style (ca. 1720–1820)

Der aus der Karibik stammende Baustil hat sich auch in den französischen Kolonien an der Golfküste und am Mississippi durchgesetzt. Wegen des häufig wassergetränkten Untergrundes steht das Wohngeschoss mit seinen großen Fenstern auf Pfählen. Das weit überstehende Giebeldach beschattet eine durchgehende Frontveranda. Madame John's Legacy in 632 Dumaine Street im French Quarter von New Orleans ist ein gutes Beispiel für diesen Stil.

Georgian Style (ca. 1700–90)

Klar, schnörkellos und mit relativ flachem Satteldach repräsentiert der Baustil zur Zeit der britischen Könige George II. und George III. den wachsenden Wohlstand der Mittel- und Oberschicht. Unter einem Dreiecksgiebel, umrahmt von Säulen, steht die Eingangstür vorne im Mittelpunkt. Sie wird beiderseits von strikt symmetrisch angelegten Sprossenfenster umgeben. Beispielhaft ist Drayton Hall bei Charleston.

Federal Style (ca. 1790–1820)

Der symmetrische Baustil (auch **Adam Style** genannt) wirkt flexibler und feiner als der formelle Georgian Style. Über der Tür fallen geometrische Ornamente und halbrunde Glasfenster auf. Im Süden bildet sich verstärkt die Variante des **Jeffersonian Classicism** aus: eine rote Backsteinfassade mit einem von glatten römisch-dorischen Säulen gestützten Portikus. Als gutes Beispiel gilt das Nathaniel Russell House in Charleston.

Greek Revival Style (ca. 1820–75)

Die Monumentalbauten mit den weißen Säulen am Eingang gelten als Inbegriff für den Wohlstand der damaligen Plantagenbesitzer schlechthin. Die Häuser erinnern an klassische griechische Tempel, greifen sie doch mit strenger Symmetrie auch in den Grundrissen auf Stilelemente der Antike zurück. Über die gesamte Vorderseite erstreckt sich der oft zweistöckige Portikus als Vorbau, der Dachfirst zieht sich über die volle Gebäudelänge. Als Vorzeigebeispiele gelten u. a. Oak Alley Plantation in Louisiana sowie Rosalie Mansion und Stanton Hall in Natchez, Mississippi.

Vor der Spanish Plaza und dem Anleger des Schaufelraddampfers *Creole Queen* ragen auf der gegenüber liegenden Seite der Canal Street direkt am Fluss das markante *World Trade Center* und andere Hochhäuser des Central Business District empor. Vom Anleger nebenan setzt die **Canal Street Ferry** 21 (Tel. 504/309-97 89 www.friendsoftheferry.org, tgl. Abfahrten ab Canal Street jew. um Viertel vor oder Viertel nach, von Algiers jew. zur vollen und zur halben Stunde, Kosten ca. $ 2 pro Person), im 30-Minuten-Takt zum Stadtteil **Algiers** 22 über. Die zehnminütige Passage über den Mississippi bietet einen fabelhaften Blick auf die Skyline von New Orleans. Algiers war im 19. Jh. als Sklavenmarkt bekannt, aus diesem Jahrhundert stammen auch die pastellfarbenen, mit Schnitzereien im sogenannten Lebkuchenstil (*Gingerbread Style*) verzierten kreolischen Wohnhäuser.

Endstation Sehnsucht

Die berühmten **St. Charles Streetcars** 23, die nach den Wirbelsturmschäden 2005 längere Zeit stillstanden, sind inzwischen wieder mobiles Wahrzeichen der Stadt. Die mit viel Holz und poliertem Messing im Look der 1920er-Jahre ausgestatteten grünroten Straßenbahnen beschrieb bereits 1947 Tennessee Williams in seinem Drama ›*A Streetcar Named Desire*‹ (›Endstation Sehnsucht‹). Die insgesamt 21 km lange Fahrtstrecke der nostalgischen Wagen führt durch die baumbestandene **St. Charles Avenue** 24 und andere sehenswerte Straßenzüge, gekennzeichnet durch viele Restaurants, Hotels und schöne alte Häuser. Im Stadtteil **Garden District** 25 umgeben parkähnliche Gärten mit Pavillons und Statuen prächtige Villen, die im 19. Jh. auf einstigem Plantagenland entstanden waren. Nördlich und westlich schließt sich das ebenso attraktive Viertel **Uptown** 26 an. Von der Straßenbahnhaltestelle am *Audubon Park* bringt ein Pendelbus Besucher in wenigen Minuten zum ausgedehnten **Audubon Zoo** 27 (6500 Magazine St., Mo–Fr 10–17, Sa/So 10–18 Uhr, www.audubon institute.org), der nach dem Ornithologen und Maler John James Audubon (1785–1851) benannt wurde. Naturgetreu angelegte Gehege, aufgelockert durch Bäume, Teiche und Grünflächen, sind die Heimat von mehr als 1800 Tieren.

Stadtpark und Friedhöfe

Der rund 600 ha große, weitläufige **City Park** 28 am Südufer des Lake Pontchartrain hat lange gebraucht, um sich von

Mit der Riverfront-Linie, der ›Ladies in Red‹, fährt man über die Canal Street ins French Quarter

›Katrina‹ zu erholen. Viele der wunderbaren Magnolien und ausladenden alten Eichen hatten Schäden erlitten. Sturmwinde und Fluten hatten aber auch dem Golfplatz, dem Kinderspielplatz sowie dem Vergnügungspark mit seinen Buden und dem historischen Holzkarussell zugesetzt. Hoffnung keimt im Botanischen Garten, der sich längst wieder in frischer Blütenpracht präsentiert. Der **Sydney & Walda Besthoff Sculpture Garden** (Mo–Fr 10–18, Sa/So 10–17 Uhr) versammelt ausgezeichnete Werke plastischer Kunst, u.a. von Henry Moore und Fernando Botero. Der Garten gehört zum **New Orleans Museum of Art** 29 (1 Collins Diboll Circle, www.noma.org, Di–Do 10–18, Fr 10–21, Sa 10–17, So 11–17 Uhr) an der Südostecke des Parks. Das Anfang des 20. Jh. im Greek Revival Style erbaute Kunstmuseum ist eines der renommiertesten des Südens und zeigt Exponate von allen Kontinenten von vorchristlicher Zeit bis heute. Zu den Glanzlichtern zählen die Gemälde französischer Impressionisten wie Edgar Dégas, Paul Gauguin und Auguste Renoir sowie amerikanischer Maler, etwa von Georgia O'Keeffe oder Jackson Pollock.

In New Orleans gehören auch die Friedhöfe zu den Sehenswürdigkeiten. Die vielen kunstvoll gearbeiteten Mausoleen dort verdanken ihr Entstehen der Tatsache, dass die Stadt ca. 1,5 m unterhalb des Meeresspiegels liegt. Bis Deiche und Drainagen im 19. Jh. Abhilfe schafften, schwemmte eindringendes Wasser die Bestatteten nach kurzer Zeit aus den Gräbern wieder ans Tageslicht. Wer es sich leisten konnte, ging deshalb dazu über, aus Marmor und Granit aufwendige und entsprechend teure oberirdische Grabstätten mauern zu lassen, wie sie beispielsweise im **St. Louis Cemetery No. 3** 30 an der Esplanade Avenue südöstlich des City Park zu bewundern sind. Auf dem 1873 anstelle einer ehemaligen Rennbahn angelegten **Metairie Cemetery** 31 weiter südwestlich, an der Ecke Metairie Road und Pontchartrain Boulevard, sind ebenfalls prächtige Mausoleen zu finden.

Ausflüge

Wasserreiche Marschen, grün überwucherte Sümpfe und ruhige Bayous bestimmen den **Barataria Unit** 25 km südlich von New Orleans. Dieser rund 80 km² große Naturpark ist Teil des reizvollen **Jean Lafitte National Historical Park** (www.nps.gov/jela), der mehrere landschaftlich, historisch oder kulturell interessante Stätten im Süden Louisianas umfasst. Über den Highway 45 erreicht man das *Barataria Preserve Visitor Center* (Mi–So 9.30–16.30 Uhr). Von dort führt eine 3 km lange, einfache Rundwanderung auf Holzstegen durch den Sumpf. Unterwegs kann man Reiher über moosbehangenen Bäumen oder Schildkröten, Schlangen und Alliga-

Mausoleen aus Marmor stehen auf dem St. Louis Cemetery No. 3 dicht an dicht

Auch Alligatoren kann man im Jean Lafitte National Historical Park beobachten – aus sicherer Entfernung

toren in den Gewässern beobachten. Man kann den Park aber auch auf dem Wasserweg erkunden. Einen Kanu- und Kajakverleih gibt es nahe der Parkeinfahrt beim Restaurant *Bayou Barn* (Crown Point, Tel. 504/689-2663, 800/862-2968, www.bayoubarn.com), wo sonntags (12–18 Uhr außer Jan.) ›Fais Do-Dos‹, Cajunfeste inklusive Livemusik, veranstaltet werden.

Unvergesslich ist auch ein Ausflug nach **Houma** knapp 90 km südwestlich von New Orleans. Getrost kann man sich den Kapitänen von *Annie Miller's Son's Swamp and Marsh Tours* (3718 Southdown Mandalay Road, Houma, Tel. 985/868-4758, www.annie-miller.com) und *Cajun Man's Swamp Cruise* (Bayou Black Dr. bei Gibson, Tel. 985/868-4625, www.cajunman.com) anvertrauen, die ihre flachen Boote souverän durch die ursprüngliche Sumpf- und Bayoulandschaft manövrieren. Schlichte Trapperhütten (Wildlife Gardens B&B, 5306 North Bayou Black Dr., Gibson, Tel. 985/575-3676, www.wildlifegardens.com) bieten passende Unterkünfte mitten in der wilden Natur für unerschrockene Romantiker. Im *Jolly Inn* (1507 Barrow St., Houma, Tel. 985/872-6114, www.thejollyinn.com) hingegen vergnügt man sich bei Cajunmusik und Tanz (Do/Fr 20–23, So 15–18 Uhr), zudem lockt die traditionelle Küche.

Von New Orleans bis Baton Rouge verlaufen beiderseits des eingedeichten Mississippi die **River Road** genannten Uferstraßen. An ihnen entdeckt man zwischen ausgedehnten petrochemischen Anlagen manches wunderschöne ehemalige Plantagenhaus. Die New Orleans

Im 19. Jh. hätte das Spielzeug auf Destrehan Plantation jedes Kinderherz erfreut

nächstgelegenen sind auf der östlichen Flussseite Destrehan (35 km) und San Francisco (60 km), an der westlichen Oak Alley Plantation (80 km). Sie sind mit Antiquitäten ausgestattet und im Rahmen von Führungen zu besichtigen: Die 1787 vom kreolischen Kaufmann Jean Noel Destrehan erbaute **Destrehan Plantation** (13034 River Road/Highway 48, www.destrehanplantation.org, tgl. 9–16 Uhr), ist das älteste Plantagenhaus am unteren Mississippi. Angelegt wurde es im French Colonial Style, 1810 erweitert und 1830–40 mit acht weißen Frontsäulen im Greek Revival Style umgestaltet. Bei Reserve ließ Edmond Bozonier Marmillion 1856 die **San Francisco Plantation** (2646 River Road/Highway 44, www.sanfranciscoplantation.org, im Sommer tgl. 9.30–16.40, im Winter tgl. 9.30–16 Uhr) in kreolischer Bauweise errichten. Zwei frei stehende Zwiebeltürmchen, am Haupthaus durchbrochene Balustraden im verspielten Lebkuchenstil und die pastellfarbene Fassade sind seine unverwechselbaren Merkmale. Innen besticht das Herrenhaus durch eine extravagante Ausstattung, wie z.B. mit Decken aus Zypressenholz. Als ein Wahrzeichen der Südstaaten gilt die 400 m lange Allee der

TOP TIPP

Oak Alley Plantation (3645 River Road/Highway 18, Vacherie, www.oakalleyplantation.com, tgl. 9–17 Uhr, alle 30 Min. Führungen) bei Vacherie. Über der Zufahrt schließen sich die Äste von 28 uralten, knorrigen Eichen zu einem grün belaubten Baldachin zusammen. Am Ende der Allee schimmert das elegante 1839 im Greek Revival Style erbaute Herrenhaus. Es wirkt durch seine 28 dorischen Säulen ringsum hochherrschaftlich und nobel. Die opulente Innenausstattung passt zu diesem Eindruck.

Praktische Hinweise

Information

New Orleans Metropolitan Convention & Visitors Bureau, 2020 St. Charles Ave., New Orleans, Tel. 504/566-5011, 800/672-6124, www.neworleanscvb.com

Stadtrundfahrten

Hurricane Katrina Tour, ab Gray Line Lighthouse, Toulouse St. (am Flussufer), New Orleans, Tel. 504/569-1401, 800/233-2628, www.graylineneworleans.com, tgl. 13 Uhr. Informative und bewegende 3-stündige Bustour auf den Spuren der Katastrophe.

Schiff

Creole Queen, ab Canal St. Dock am Riverwalk, 1 Poydras St., Tel. 504/587-1719, 800/445-4109, www.creolequeen.com. Tgl. Mississippi- und Hafentouren mit dem Schaufelraddampfer, abends

Geradezu ein lebendes Denkmal ist die berühmte Eichenallee, unter deren ineinander verschlungenen Ästen Besucher der Oak Alley Plantation spazieren gehen

Einen lebhaften Eindruck von dem Farb- und Einrichtungsstil, der um 1860 bevorzugt wurde, gibt das außen wie innen umfassend restaurierte Herrenhaus San Francisco Plantation

(19–21 Uhr) mit kreolischem Buffet und Dixieland Jazz.

Natchez, ab Toulouse Dock vor Jax Brewery, New Orleans, Tel. 504/586-8777, 800/365-2628, www.steamboatnatchez.com, tgl. 11, 14 und 18 Uhr. 2-std. Flussfahrt mit Jazzmusik auf authentischem Schaufelraddampfer, abends Dinnerfahrt mit kreolischen und Cajunspeisen.

Öffentliche Verkehrsmittel

NORTA (New Orleans Regional Transportation Authority), Tel. 504/248-3900, www.norta.com. Einzelfahrscheine für Busse und Straßenbahne sind vergleichsweise teurer als Tageskarten und Dreitagespässe (Jazzy Pass).

Hotels

TOP TIPP ****Soniat House**, 1133 Chartres St., New Orleans, Tel. 504/522-0570, 800/544-8808, www.soniathouse.com. Reizendes Hotel im French Quarter. Frühstück gibt es im Zimmer oder im lauschigen Innenhof.

***Best Western Plus French Quarter Landmark Hotel**, 920 Rampart St., New Orleans, Tel. 504/524-3333, 800/780-7234, www.nolahotels.com. Feines Hotel mit malerischem Innenhof.

***Oak Alley Plantation B&B**, 3645 Hwy. 18, Vacherie (80 km westl. von New Orleans), Tel. 225/265-2151, 800/442-5539, www.oakalleyplantation.com. Komfortable Ferienwohnungen neben feudalem Plantagenhaus.

***Queen & Crescent Hotel**, 344 Camp St., New Orleans, Tel. 504/587-9700, 866/247-7936, www.qandc.com. Elegantes Stadthotel aus dem frühen 20. Jh. nahe French Quarter.

Garden District Bed & Breakfast, 2418 Magazine St., New Orleans, Tel. 504/895-4302, www.gardendistrictbedandbreakfast.com. Vier kleine Suiten, jeweils inklusive Küche.

Restaurants

Café du Monde, 800 Decatur St., New Orleans, Tel. 504/525-4544, 800/772-2927, tgl. 0–24 Uhr, www.cafedumonde.com. 1862 eröffnetes Café im French Market. Spezialität des Hauses sind Beignets, puderzuckerbestäubte Krapfen.

Huck Finn's Cafe & Sports Bar, 135 Decatur St., New Orleans, Tel. 504/529-8600, www.huckfinnscafe.com. Legeres Restaurant mit Sportbar im French Quarter. Frühstück, Lunch und Dinner. Südstaatenküche, auch vegetarisch.

Stanley, 547 St. Ann St., New Orleans, Tel. 504/587-00 93 www.stanleyrestaurant.com. Burgerrestaurant am Jackson Square.

TOP TIPP **The Gumbo Shop**, 630 St. Peter St., New Orleans, Tel. 504/525-14 86, www.gumboshop.com. Das legere, populäre Restaurant im French Quarter serviert klassische Cajun- und kreolische Küche: Seafood Gumbo, Jambalaya und als Dessert Pecan Pie.

Tujague's, 823 Decatur St., New Orleans, Tel. 504/525-86 76, www.tujaguesrestaurant.com. Traditionelle Südstaatenküche in New Orleans' zweitältestem Restaurant mit Bar.

Bars

Napoleon House, 500 Chartres St., New Orleans, Tel. 504/524-97 52, www.napoleonhouse.com Napoleon trank nie einen ›Pimm's Cup‹ in dieser Bar im French Quarter. So verpasste er die köstliche Louisiana Cuisine des Hauses.

Palm Court Jazz Café, 1204 Decatur St., New Orleans, Tel. 504/525-02 00, www.palmcourtjazzcafe.com, Mi–Sa 19–23 Uhr. Guter Jazz in gediegener Atmosphäre.

Pat O'Brien's, 718 St. Peter St., New Orleans, Tel. 504/525-48 23, www.patobriens.com. In dieser beliebten Bar im French Quarter wurde der famose *Hurricane Cocktail* aus Fruit Punch und dunklem Rum kreiert.

2 New Iberia

Von Inseln, Gärten und scharfen Saucen.

Gemächlich windet sich der *Bayou Teche* in weiten Bögen durch fruchtbare Felder. Am Südufer erinnert das bereits 1765 gegründete New Iberia (30 750 Einw.) mit seinem Namen an die **spanischen Siedler**, die zusammen mit den im späten 19. Jh. zugezogenen **Cajuns** in dieser Gegend Viehzucht, Reis- und Zuckerrohranbau betrieben. Sogar die malerisch herabhängenden Triebe des Spanish Moss, die den Reiz der Stadtbilder im Süden noch erhöhen, erinnern dem Namen nach an eine spanische Herkunft. Doch diese Pflanzen sind weder Moose noch stammen sie aus Spanien. Es handelt sich um Tillandsien aus der Familie der Bromeliengewächse, die von den Südstaaten der USA bis hinunter nach Chile und Argentinien beheimatet sind. Im Deutschen heißen sie *Spanisches Moos* oder *Louisianamoos*.

Wie wohlhabend die Farmer dieser Region vor dem Sezessionskrieg waren, belegt in der Main Street von New Iberia das Haus mit der Nr. 317. **Shadows-on-the-Teche** (www.shadowsontheteche.org, Mo–Sa 9–17 Uhr) ist ein am Bayou Teche gelegener, korallenfarbener Backsteinbau mit acht weißen Säulen an der Front. Das von Zuckerrohrpflanzer David Weeks 1834 im French Colonial Style – mit außen

Das Herrenhaus Shadows-on-the-Teche wurde im französischen Kolonialstil erbaut

verlaufenden Treppen, Wohnräumen im ersten Stockwerk und darunter liegenden Stau- und Arbeitsräumen – errichtete Herrenhaus ist im Stil des frühen 19. Jh. eingerichtet. Bereits kurz nach dem Bau des Hauses waren die Schatten spendenden Eichen auf dem Grundstück gepflanzt worden, die dem Anwesen seinen Namen gaben. Ebenfalls im Stadtzentrum befindet sich in einem verschachtelten, blechgedeckten Holzbau die 1912 erbaute **Conrad Rice Mill** (307 Ann St., www.conradricemill.com, stdl. Führungen: Mo–Sa 9–17 Uhr). In dieser ältesten noch in Betrieb befindlichen Reismühle der USA geben Führungen und Dokumentarfilme interessante Einblicke in die Reisernte und -verarbeitung. Zum Stöbern lädt der im nostalgischen Stil eines alten Kolonialwarenladens aufgemachte *Konriko Company Store* ein. Dort werden Reis, Gewürze und andere Cajunprodukte verkauft.

Am südwestlichen Ortsausgang von New Iberia liegt **Jefferson Island** am bzw. im *Lake Peigneur*. Dabei handelt es sich nicht um eine Insel, sondern um den abgeflachten Gipfel eines größtenteils unter der Erde befindlichen Salzstockes, der auch abgebaut wurde. Auf dem weitgehend von Wasser umgebenen Hügel erstrecken sich die **Rip Van Winkle Gardens** (5505 Rip Van Winkle Rd., www.ripvanwinklegardens.com, Führungen: tgl. 9–16 Uhr), ein rund 1500 ha großer, subtropischer Park mit alten Eichen, Rasenflächen, Spazierwegen und Blumenrabatten. Den höchsten Punkt nimmt die Prachtvilla (1870) des im 19. Jh. umschwärmten amerikanischen Schauspielers Joseph Jefferson ein, der als Darsteller der literarischen Figur Rip Van Winkle berühmt wurde

Ausflüge

Seit 1886 produziert die **McIlhenny Tabasco Factory** (www.tabasco.com, tgl. 9–16 Uhr) auf der Insel **Avery Island** 11 km südlich von New Iberia den einzigartigen Tabasco. Höllisch scharf ist die weltbekannte Würzsauce aus pürierten Chilischoten. Sie wird mit Essig und Salz aus dem Salzstock unter der Insel versetzt und reift drei Jahre lang in Eichenfässern. In unmittelbarer Nachbarschaft zur Tabascofabrik hat die McIlhenny-Familie mit den **Jungle Gardens** (www.junglegardens.org, tgl. 9–17 Uhr) einen subtropischen Park angelegt. In dessen Nähe liegt an einem kleinen See die Silberreiherkolonie **Bird City**. Die majestätischen weißen Vögel stehen unter strengem Artenschutz, da sie im späten 19. Jh. wegen ihrer in der Modewelt beliebten Federn beinahe ausgerottet worden waren.

Ganz im Zeichen von Henry Wadsworth Longfellows (1807–1882) Gedicht ›*Evangeline*‹ steht die Kleinstadt **St. Mar-**

Cajuns – eine Geschichte der Vertreibung

1713 beendet der Frieden von Utrecht den Spanischen Erbfolgekrieg. Vertragsbestandteil ist die Übergabe der französischen Provinz **L'Acadie** im Osten Kanadas an die Briten, die sie in **Nova Scotia** umbenennen. Dort stellen die französischstämmigen **Akadier** Mitte des 18. Jh. die Bevölkerungsmehrheit. Als 1754 Kämpfe zwischen Briten und Franzosen ausbrechen, lässt der Gouverneur von Nova Scotia, Charles Lawrence, 1755 fast alle Akadier aus ihrer Heimat am Atlantik vertreiben. Die Mehrzahl der Ausgewiesenen gelangt schließlich 1764–85 in das spanische **Louisiana**, das aus seiner französischen Kolonialzeit (bis 1763) noch einen hohen französischsprachigen, katholischen Bevölkerungsanteil besitzt.

Die Neuankömmlinge leben in isolierten Siedlungen und erzielen bescheidene Einkünfte aus der Landwirtschaft oder der Jagd. Das englische **Acadians** verkürzt sich umgangssprachlich zu **Cajuns**, die Menschen bewahren ihre Sprache und eigenständige Kultur. Anfang des 20. Jh. allerdings erhöhen Schulverwaltung und Staatsregierung, etwa mit einem Verbot der französischen Sprache, den Druck auf die Akadier, sich dem ›American Way of Life‹ anzupassen. Dennoch haben sich im Süden Louisianas **frankophone Sprachinseln** erhalten, und inzwischen erlebt die traditionelle Cajunkultur eine ungeahnte Renaissance. Louisianas Tourismusindustrie wirbt mit dem einzigartigen Flair der Region, Französisch steht wieder auf den Schullehrplänen. Die Cajunmusik mit Akkordeon und Geige ist in Mode gekommen, und die an sich deftige Cajunküche mit Catfish, Crawfish und Gator gilt heutzutage selbst in den besten Restaurants als chic.

tinville 10 km nördlich von New Iberia. Hier soll sich unter der *Evangeline Oak* am Ufer des Bayou Teche das durch die Vertreibung der Akadier aus Nova Scotia getrennte Liebespaar Evangeline und Gabriel ein letztes Mal gesehen haben, bevor er starb. Eine Bronzestatue der sitzenden Evangeline steht zwei Straßen stadteinwärts in der Evangeline Road neben der um 1844 erbauten **Saint Martin de Tours Catholic Church**. Sie gilt als Mutterkirche der Akadier und besitzt überdies eine Nachbildung der Grotte von Lourdes.

Einen Eindruck vom früheren Alltagsleben der hiesigen Kreolen und Cajuns vermittelt das Freilichtmuseum **Longfellow-Evangeline State Historic Site** (1200 North Main St., www.crt.state.la.us/louisiana-state-parks, tgl. 9–17 Uhr) mit Handwerksvorführungen, dem Anbau von Gemüse, Baumwolle und Indigo sowie der Zucht alter Rinder- und Pferderassen. Interessant ist auf dem Gelände auch das *Maison Olivier* aus dem frühen 19. Jh., einst Herrenhaus eines kreolischen Zuckerrohrpflanzers. Hinter weißer Holzverkleidung sind die Wände des oberen Stockwerks mit *Bousillage* verfüllt, einer regionaltypischen Mischung aus Schlamm und Moos.

i Praktische Hinweise

Information

Iberia Parish Visitors Bureau, 2513 Hwy. 14, New Iberia, Tel. 337/365-15 40, 888/942-37 42, www.iberiatravel.com

Hotel

*****Estorge-Norton House B&B**, 446 E. Main St., New Iberia, Tel. 337/365-76 03, www.estorgenortonhouse.com. Drei Suiten in einem wunderschönen Bungalow im historischen Stadtzentrum.

3 Lafayette

Museen und Musik – alles akadisch.

Lafayette ist Zentrum der Öl- und Gasförderung an der Golfküste Louisianas und mit seinen 126 100 Einwohnern inoffizielle Hauptstadt des **Cajun Country**. Hier, in der Region um den *Bayou Vermilion*, ließen sich Mitte des 19. Jh. die meisten der aus Kanada ausgewiesenen Akadier nieder.

Die 1823 als Vermilionville gegründete Siedlung erhielt 1884 den Namen des französischen Marquis de Lafayette, der im Nordamerikanischen Unabhängigkeitskrieg auf Seiten der USA gegen die Briten gekämpft hatte. Das in Flughafennähe östlich der Stadt angelegte Museumsdorf **Vermilionville** (300 Fisher Rd., www.vermilionville.org, Di–So 10–16 Uhr, letzter Einlass 15 Uhr) präsentiert sich als reizender, lebhafter Ort. Seine historisch gekleideten ›Bewohner‹ demonstrieren die Kultur der Kreolen und Cajuns in Südlouisiana von Mitte des 18. bis Ende des 19. Jh. Neben traditionellen Handwerkstechniken lernt man typische Gerichte, Musik und Tänze der Region kennen. Im Südwesten von Lafayette stellt das **Acadian Village** (200 Greenleaf Dr., www.acadianvillage.org, Mo–Sa 10–16 Uhr) dem Besucher mit einer Kapelle, einer Schmiede und sechs authentisch eingerichteten Häusern eine Cajunsiedlung des 19. Jh. vor.

i Praktische Hinweise

Information

Lafayette Convention & Visitors Commission, 1400 NW. Evangeline Thruway, Lafayette, Tel. 337/232-37 37, 800/346-19 58, www.lafayettetravel.com

Hotel

Bois des Chenes, 338 N. Sterling St., Lafayette, Tel. 337/233-78 16, www.boisdechenes.com. Gemütliches Bed & Breakfast in einem um 1820 erbauten Plantagenhaus; Möglichkeit zu Bootsausflügen (www.theatchafalayaexperience.com) in die Sümpfe.

4 Baton Rouge

Prächtige Aussicht vom höchsten Regierungsgebäude eines US-Bundesstaates.

Louisianas **Hauptstadt** (228 900 Einw.) am Ostufer des Mississippi liegt im Zentrum des *Plantation Country*, einer flachen, nach Süden allmählich in Sumpflandschaften übergehenden landwirtschaftlichen Region mit ausgedehnten Zuckerrohrpflanzungen. Von zentraler Bedeutung ist für die Stadt ihr großer, reger Flusshafen. Der war bereits den ersten Siedlern wichtig, die 1719 hier ihre Häuser bauten. Sie folgten dem französischen Forscher Pierre Le Moyne, Sieur d'Iberville, der den Platz 1699 ›Baton Rouge‹, ›roter Stock‹, genannt hatte. Er bezog sich auf einen hohen, rotbemalten

Zypressenstamm am Flussufer, mit dem die Houma- und Bayougoula-Stämme die Grenze zwischen ihren Jagdrevieren markierten.

Blickfang in der Innenstadt von Baton Rouge ist das **State Capitol** (State Capitol Dr., tgl. 8–16.30 Uhr), das höchste Kapitolgebäude der USA, ein 1932 im Art-déco-Stil erbauter, monumentaler, 34-stöckiger Turm. Louisianas damaliger, umstrittener Gouverneur Huey P. Long ließ das 137 m hohe Gebäude während der Weltwirtschaftskrise entgegen aller Vorbehalte errichten, und er sparte nicht: Der zum Bau verwendete Marmor stammt aus allen Teilen der Welt. Besonders prächtig wirkt die zentrale, 13 m hohe *Memorial Hall* mit einer Bronzereliefkarte von Louisiana. Von der Aussichtsetage im 27. Stock (bis 16 Uhr geöffn.) hat man einen weiten Blick über die Stadt und den Mississippi.

Einer weißen Trutzburg ähnelt das 1849 nach Plänen des Architekten James Dakin im neogotischen Stil entworfene **Old State Capitol** (100 North Boulevard, www.louisianaoldstatecapitol.org, Di–Fr 10–16, Sa 9–15 Uhr) nahe dem Mississippi, in dem das Parlament von Louisiana bis 1932 tagte. Für Mark Twain war es ›das hässlichste Gebäude am Mississippi‹.

Ein architektonisches Schmuckstück ist die Eingangshalle des Old State Capitol von Baton Rouge, in der schlanke Säulen eine elegant geschwungene Wendeltreppe umgeben

Vom Louisiana State Capitol, dem Regierungssitz und höchsten Gebäude der Stadt, blickt man auf ganz Baton Rouge

Heute beherbergt es ein sehr gutes Museum zu Politik und Geschichte Louisianas. Architektonischer Blickfang im Inneren ist eine Rotunde mit Buntglasfenstern, die das offene Treppenhaus mit seiner eisernen Spiraltreppe dominiert.

Im **USS Kidd and Nautical Center** (305 South River Rd., www.usskidd.com, Mo–Fr 9.30–15.30, Sa/So 10–16 Uhr) liegt die *USS Kidd* am Flussufer, ein 115 m langer Zerstörer aus dem Zweiten Weltkrieg. Zu besichtigen sind das mit Kanonen bestückte Hauptdeck, die Kapitänskajüte und die Brücke. Zum Komplex gehören auch alte Kriegsflugzeuge sowie ein den Truppen Louisianas gewidmetes Militärmuseum.

Südöstlich des Stadtzentrums steht eines der ältesten Gebäude der Region: die 1791 errichtete **Magnolia Mound Plantation** (2161 Nicholson Dr., www.brec.org, Mo–Sa 10–16, So 13–16 Uhr). Das auf Stelzen erbaute französisch-kreolische Herrenhaus war im ausgehenden 18. Jh. Mittelpunkt einer großen Indigoplantage. Im frühen 19. Jh. baute man dann auf den Ländereien zusätzlich Baumwolle und Zuckerrohr an und erweiterte das Haus im damals modernen Federal Style. Besonders schön ist das antike Mobiliar, mit dem alle Zimmer ausgestattet sind.

Etwas außerhalb der Stadt beschäftigt sich das **Rural Life Museum** (4650 Essen Lane, http://rurallife.lsu.edu, tgl. 8–17 Uhr) der *Louisiana State University* mit dem früheren Leben jenes Teils der ländlichen Bevölkerung, der sich im 19. Jh. keine prächtigen Herrenhäusern leisten konnte. Im Mittelpunkt des Freilichtmuseums stehen verschiedene Haustypen und ihre Einrichtung: Pionierhütte, akadisches Wohnhaus, Sklavenquartiere, Kirche, Schule oder ein so genanntes *Shotgun House*. Bei letzterem befinden sich Eingangs- und Hintertür an beiden Schmalseiten einander genau gegenüber. Dazwischen liegt nur eine Flucht von Durchgangszimmern, an Flur oder Gang wird kein Platz verschwendet. Seinen ungewöhnlichen Namen trägt das Haus, weil eine Kugel diese Flucht bei geöffneten Türen hätte durchqueren können, ohne dabei auf Widerstand zu treffen.

Ausflüge

In St. Francisville, 40 km nördlich von Baton Rouge, führt eine wunderbare Eichenallee zu der aus dem Jahre 1834 stammenden **Rosedown Plantation** (12501 Highway 10, www.nps.gov/nr/travel/louisiana/ros.htm, tgl. 9–17 Uhr). Mit feinen Tapeten aus Paris und italienischen Marmorstatuen gibt sich das Herrenhaus der Baumwollplantage von Daniel und Martha Turnbull sehr elegant. Die Gartenanlagen orientieren sich am formalen Stil französischer und italienischer Gärten des 17. Jh. und umgeben das Anwesen der Turnbulls, die seinerzeit als erste Kamelien nach Louisiana importiert hatten.

TOP TIPP

Etwa 30 km südlich von Baton Rouge zeigt sich in White Castle unmittelbar hinter dem Mississippideich die traumhafte, weiße **Nottoway Plantation** (31025 Louisiana Hwy. 1, www.nottoway.com, tgl. 9–16 Uhr mit Führungen) in einer sehenswerten Mischung aus Italianate und Greek Revival Style mit korinthischen Säulen. Das mit 64 Zimmern und Sälen größte Plantagenhaus des Südens beherbergt heute ein *Hotel* (Tel. 225/545-27 30, 866/527-68 84). Der schmucke Bau wurde 1859 nach zehnjähriger Bauzeit für den Zuckerrohrpflanzer John Hampden Randolph und seine 13-köpfige Familie fertig gestellt. Als eines der ersten Häuser der Region besaß es fließendes Wasser und Gasbeleuchtung. Erlesen ist das Interieur mit handgearbeiteten marmornen Kaminsimsen, Türknöpfen aus Dresdner Porzellan und Kronleuchtern. Vorzeigeraum ist der *Grand White Ballroom*, ein weiträumiger, luftiger Tanzsaal.

TOP TIPP

Praktische Hinweise

Information

Baton Rouge Visitor Information Center, 359 Third St., Baton Rouge, Tel. 225/383-18 25, 800/527-68 43, www.visitbatonrouge.com

Restaurant

Juban's Restaurant, 3739 Perkins Rd., Baton Rouge, Tel. 225/346-84 22, www.jubans.com. Di–Fr Lunch und Mo–Sa Dinner. Innovative kreolische Küche in gediegener Atmosphäre.

Durch Mississippi nach Nashville – vom tiefen Süden zur Hochburg der Countrymusik

Mächtig wirkt der Mississippi River, der dem waldreichen Bundesstaat an seinem Unterlauf den Namen gab. Mitsamt dem Missouri River bildet er das längste Stromsystem Nordamerikas. Schwarze Sklaven nannten den breiten Fluss ehrfurchtsvoll *Ole Man River*. Aus der Zeit vor dem Sezessionskrieg stammt die prachtvolle Altstadt von **Natchez** an den Ufern des Mississippi, die Gedenkstätten um **Vicksburg** rufen schreckliche Schlachten des Civil War in Erinnerung. Als moderne Metropole am historischen *Natchez Trace Parkway* präsentiert sich **Jackson**, die Hauptstadt von Mississippi.

Das **Mississippidelta**, fruchtbare Schwemmlandebene zwischen Vicksburg und Memphis, ist **Baumwollland**. Vom späten Juli bis in den September bieten sich prachtvolle Bilder, wenn die weiße Samenwolle wie ein gleichmäßiges Meer an Büschen hängender Schneeflocken erscheint. Noch im 19. Jh. bestellten Sklaven die Baumwollplantagen und stimmten bei der Arbeit getragene Gesänge an. Aus diesen *Field hollers* entwickelte sich zu Beginn des 20. Jh. die Musikrichtung des **Blues**, als dessen Hauptstadt **Memphis** gilt. Der **Rock'n'Roll** ist ebenfalls hier zu Hause; 1954 nahm Elvis Presley im Sun Studio sein erstes Lied auf. Etwas weiter im Nordosten dreht sich in **Nashville** alles um **Countrymusik**, und die schon legendären Grand-Ole-Opry-Konzerte werden seit mehr als 80 Jahren live im Radio übertragen.

5 Natchez

Architektonisches Antebellumjuwel in Weiß.

Auf einer steil abfallenden Felsklippe liegt Natchez (15 300 Einw.) am östlichen Mississippiufer. 1716 etablierten Franzosen unter Jean-Baptiste Le Moyne, Sieur de Bienville, an dieser Stelle **Fort Rosalie**. 13 Jahre später jedoch zerstörte der Stamm der Natchez das Fort. Nach einem Vergeltungsschlag gründeten französische Soldaten erneut eine kleine Siedlung und nannten sie nach den einstigen Besitzern des Landes. 1763 ging der Ort in britischen, 1779 in spanischen und 1798 in US-Besitz über. Als 1811/12 erstmals **Schaufelraddampfer** den Mississippi befuhren, wuchs das verkehrsgünstig gelegene Natchez nach Algiers bei New Orleans zum zweitgrößten **Sklavenmarkt** des Südens sowie zu einem regen Hafenstädtchen heran, in dem **Baumwolle** aus den zahlreichen Plantagen des fruchtbaren Umlandes verschifft wurden. Unter den *Cotton barons*, den ›Baumwollbaronen‹, zählte es zum guten Stil, neben der Plantage eine Stadtresidenz in Natchez zu unterhalten. Erst der **Civil War** (1861–65) setzte dem selbstgefälligen Luxusleben der Pflanzer- und Händlerelite ein jähes Ende.

Die von Kriegshandlungen kaum betroffenen Antebellumvillen sind die Schmuckstücke der **Altstadt**, die überschaubare acht Straßenzüge am Hochufer des Mississippi einnimmt. In der 401 High Street befindet sich **Stanton Hall** ① (www.stantonhall.com, tgl. 9–16 Uhr, Führungen alle 30 Min.). Das 1858 für den Baumwollpflanzer und -händler Frederick Stanton errichtete zweistöckige Anwesen prangt inmitten

TOP TIPP

alter Eichen. Mit seinen weißen korinthischen Säulen vor dem Eingang gilt es als eindrucksvollstes Greek-Revival-Haus der Stadt. Auch innen herrscht Luxus: Die 22 m lange Eingangshalle ist in weiten Teilen verspiegelt und wirkt dadurch noch größer; die Räume, vom Rauchsalon bis zum Schlafzimmer, sind mit europäischen Antiquitäten ausgestattet.

Der Pearl Street nach Süden folgend erreicht man links mit der Nr. 215 die ebenfalls im Greek Revival Style erbaute **Magnolia Hall** 2 (www.natchezpilgrimage.com/dailymagnolia.php, Do–Sa 10–15 Uhr, Führungen stdl.), das letzte große, noch vor dem Sezessionskrieg vollendete Herrenhaus von Natchez. Die großzügige Residenz wurde 1858 für den Plantagenbesitzer Thomas Henderson errichtet. Am Südwestende des Viertels überblickt das Herrenhaus **Rosalie** 3 (100 Orleans St., www.rosaliemansion.com, tgl. 9–16 Uhr, Führungen stdl.) das Flusstal. Mächtige dorische Säulen schmücken den Eingang des rötlichen Backsteinhauses im Federal Style, das 1820–23 von Peter Little, dem ersten Sägemühlenbesitzer im Staat Mississippi, erbaut wurde. Glanzpunkt ist die aus der Mitte des 19. Jh. stammende viktorianische Einrichtung.

Als Kontrast zum Leben der oberen Zehntausend auf den Klippen florierte im 19. Jh. in **Natchez-Under the Hill** 4 unmittelbar am Mississippiufer das Hafenviertel, das mit Bars und Bordellen eine bunte Gesellschaft oft dubioser Herkunft anzog. Heute sind davon entlang der Silver Street noch einige historische Gebäude aus dem 18. und 19. Jahrhundert, darunter Saloons, Geschäfte und Restaurants, geblieben. Das zwei Jahrzehnte hier verankerte **Isle of Capri Casino** ging 2015 pleite.

In traumhaftem Weiß und gänzlich umsäumt von schlanken Säulen, die das ringsum vorkragende Dach tragen, präsentiert sich **Dunleith** 5 (84 Homochitto St., Führungen nur für Restaurant- und Übernachtungsgäste, www.dunleith.com) südöstlich der Altstadt. Das 1856 im beliebten Greek Revival Style erbaute Herrenhaus, das heute als Bed & Breakfast dient, liegt inmitten eines 16 ha großen Parks, dessen sorgfältig gepflegter Rasen von frei stehenden Eichen und Walnussbäumen beschattet wird. In der Nachbarschaft begannen 1860 an der Lower

Zuckerbäcker-Architektur in hochherrschaftlichem Park: das einstige Herrenhaus Dunleith

Ihr oktogonaler Grundriss macht die Villa Longwood zu einer architektonischen Besonderheit unter den prachtvollen Antebellumhäusern von Natchez

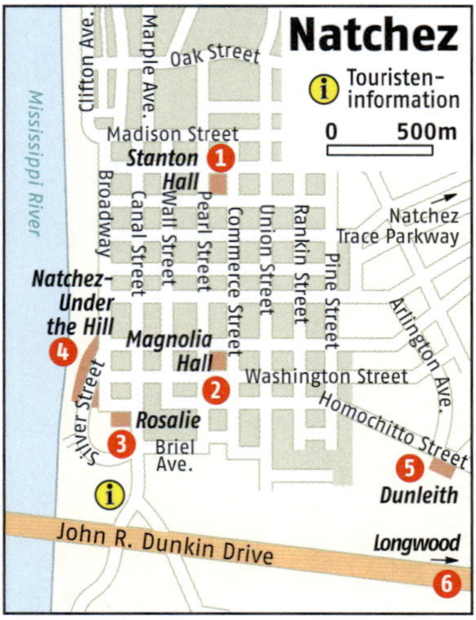

Woodville Road die Bauarbeiten für die im opulenten orientalischen Stil entworfene, achteckige Villa **Longwood** 6 (www.stantonhall.com, tgl. 10–16.30 Uhr, Führungen alle 30 Min.) des ›Baumwollkönigs‹ Dr. Haller Nutt. Der zweistöckigen Außenfassade aus rotem Backstein sind ringsum arkadenartige, weiße Holzbalkone vorgesetzt. In der Mitte erhebt sich ein sechzehnseitiger, ebenfalls weißer Aufbau, den eine knallrote Zwiebelkuppel krönt. Das Haus blieb wegen des Sezessionskrieges unvollendet; von den geplanten 32 Räumen wurden nur neun im Erdgeschoss fertig gestellt, in denen Dr. Nutts Nachfahren bis 1970 wohnten.

Besonders stimmungsvoll ist ein Besuch von Natchez während der dreimal im Jahr stattfindenden Festwochen **Spring Pilgrimage** (März–April), **Fall Pilgrimage** (Sept.–Okt., beide www.natchezpilgrimage.com) und **Christmas in Natchez** (Dez.). Zum Programm gehören jeweils Umzüge und Konzerte, vor allem

aber führen als *Southern Belles* in Reifrock gekleidete Damen durch zahlreiche Antebellumhäuser ihrer Stadt.

i Praktische Hinweise

Information

Natchez Visitor Center, 640 S. Canal St., Natchez, Tel. 800/647-6724, www.visitnatchez.org

Hotel

TOP TIPP ***Linden Antebellum Bed & Breakfast,** 1 Conner Circle, Natchez, Tel. 601/445-5472, www.lindenbandb.com. Gemütliches, gepflegtes, großartig-gastliches B&B mit sechs Zimmern. Große Veranda mit Schaukelstühlen.

Restaurant

The Castle Restaurant, 84 Homochitto St., Natchez, Tel. 601/446-8500, www.dunleith.com. Restaurant und Pub in historischem Kutscherhaus.

6 Vicksburg

Erinnerungen an das ›Gibraltar der Konföderation‹ während des Sezessionskrieges.

1811 gründete Reverend Newitt Vick das nach ihm benannte Städtchen. Nebenan lag eine verlassene spanische Siedlung auf einem 60 m hohen Felsplateau über der Mündung des Yazoo River in den Mississippi. Kurz danach blühte der Ort

Naturpfad und historische Erlebnisstraße

711 km zieht sich der **Natchez Trace Parkway** (www.nps.gov/natr) entlang eines alten Pfades der Native Americans und Siedler von **Natchez** am Mississippi nordöstlich bis nach **Nashville** am Ufer des Cumberland River. Kurvenreich windet er sich durch Wälder und Wiesen, vorbei an Wasserfällen, Aussichtspunkten, Wanderparkplätzen und historischen Stätten wie etwa dem 3,2 ha großen prähistorischen Zeremonialhügel *Emerald Mound,* ehem. *Ranger Stationen* oder einer alten *Tabakfarm*. Besondere Beliebtheit genießt die für Lkw-Verkehr gesperrte und auf 80 km/h beschränkte Straße bei Motorrad- und Radfahrern sowie bei Wohnmobilisten.

dank der ersten Schaufelraddampfer zu einem Hafen und Handelszentrum auf. Durch seine strategisch günstige Lage hoch über dem Mississippi kontrollierte das Städtchen den dortigen Flussabschnitt. Daher tobte um das ›Gibraltar der Konföderation‹ 1863 im **Sezessionskrieg** die wichtigste Schlacht der damaligen Westfront, in der rund 17 000 Soldaten fielen. Die Nordstaatenarmee unter General Ulysses S. Grant und Admiral David Dixon Porter konnte Vicksburg nicht im Sturm erobern. Erst nach 47 Tagen Belagerung ergab sich die Stadt am 4. Juli aus Mangel an Proviant und Munition.

Vicksburg (23 400 Einw.) besitzt in der überschaubaren Altstadt nur wenige Häuser aus der Antebellumzeit. Eines ist das etwas erhöht gelegene, weithin sichtbare **Old Court House** (1008 Cherry Rd., http://oldcourthouse.org, Mo–Sa 8.30–16.30, So 13.30–16.30 Uhr). Es ist unverwechselbar dank des beeindruckenden umlaufenden Portikus mit den 10 m hohen weißen ionischen Säulen. Das 1858 im Greek Revival Style erbaute ehem. Gerichtsgebäude mit Uhrturm und Kuppel wurde 1863 von den Konföderierten als Ausguck benutzt. Heute dokumentiert ein kleines *Historic Museum* die Lokalgeschichte.

Zu den ungewöhnlichsten Häusern der Stadt zählt **McRaven Home** (1445 Harrison St., www.mcraventourhome.com, Mo–Do 10–17, Fr/Sa 10–17 und 19–21, So 13–17 und 19–21 Uhr), das – von außen gut erkennbar – drei Architekturstile vereint. 1797 wurde es als simples quaderförmiges Backsteinhaus angelegt, 1836 zweistöckig ausgebaut und 1849 im eleganten Greek Revival Style vollendet. Die authentisch möblierten Innenräume spiegeln das Südstaaten-Herrenleben Mitte des 19. Jh. wider. Zu den Ausstattungsstücken zählen neben französischem Porzellan mit Originalsignatur König Louis Philippe auch Gemälde von Antoine Watteau und John James Audubon sowie Skulpturen von John Rogers. Sehenswert ist zudem der weitläufige Garten, in welchem Kampfspuren des Sezessionskrieges erhalten sind.

Entlang von Schützengräben und rekonstruierten Artilleriepositionen wurde 1899 der **Vicksburg National Military Park** (Anfahrt über die I-20, Ausfahrt 4B, www.nps.gov/vick, tgl. 8–17 Uhr) angelegt. Eine 26 km lange Autotour führt

'llinois Memorial: Mahnmal für die Gefalle-nen des Civil War in Vicksburg

ıber das 703 ha große Schlachtfeld von 1863 nördlich und östlich der Stadt. Dabei passiert man etwa 1200 Denkmäler, Sta-tuen, Büsten und Mahnmale. Das 19 m hohe, dem Pantheon in Rom nachemp-fundene *Illinois Memorial* listet auf in den Boden eingelassenen Bronzeplatten die Namen der Soldaten auf, die in den Kämpfen um Vicksburg 1863 fielen. Im Westen des Parks steht die restaurierte **USS Cairo** (tgl. 8.30–17 Uhr). Das 53 m lange eisenverkleidete Kanonenboot wurde 1862 im Fluss versenkt und ein Jahrhundert später geborgen.

i Praktische Hinweise

Information

Vicksburg Convention & Visitors Bureau, 52 Old Hwy. 27, Vicksburg, Tel. 601/636-94 21, 800/221-35 36, www.visitvicksburg.com

Hotel

*****Anchuca Mansion**, 1010 First East S., Vicksburg, Tel. 601/661-0111, 1-888-686-0111, www.anchucamansion.com. Feudale Villa von 1830: Heute ein ruhiges und elegantes B&B mit sieben Zimmern, Pool und subtropischem Garten.

Restaurants

Cracker Barrel Old Country Store, 4001 S. Frontage Rd., Vicksburg, Tel. 601/636-2115, www.crackerbarrel.com. Nostalgie auf amerikanisch: Southern Country Cooking vom Feinsten und danach zum Kaffee in den Schaukelstuhl auf der Veranda.

Walnut Hills Round Table Restaurant, 1214 Adams St., Vicksburg, Tel. 601/638-49 10, www.walnuthillsms.net. Feines Südstaatenrestaurant im Familienbetrieb. Lunch und Dinner.

7 Jackson

Mississippis Hauptstadt am Pearl River gibt sich als geschäftiges Handelszentrum.

Im 18. Jh. hatte der frankokanadische Trapper Louis Le Fleur am steilen Ufer des Pearl River im damaligen Land der Choctaw eine Handelsniederlassung gegründet. Als man eine zentral gelegene Hauptstadt für den Bundesstaat Mississippi suchte, fiel die Wahl 1821 auf dieses **Le Fleur's Bluff** am Natchez Trace. Neuer Namenspate wurde der ungeheuer populäre General Andrew Jackson.

Während des Sezessionskrieges ließ Unionsgeneral William T. Sherman die Südstaatenbastion großteils niederbrennen. Daher besitzt Jackson heute kaum noch Bauwerke aus der Vorkriegszeit. Die größte Stadt Mississippis (171200 Einw.) präsentiert sich stattdessen im Zentrum mit einigen Hochhäusern in modernem Business-Look.

Im rechtwinkligen Straßenraster der Innenstadt ist das blütenweiße **New State Capitol** (400 High St., Mo–Fr 8–17 Uhr) leicht auszumachen, denn sein Dach ziert ein 2,50 m hoher, vergoldeter Adler mit ausgebreiteten, 5 m messenden Schwingen. Das kolossale Gebäude wurde 1903 im klassischen französischen Beaux-Arts-Stil erbaut. Wie sein architektonisches Vorbild, das US-Capitol in Washington D.C., besitzt es eine von einer mächtigen Kuppel abgeschlossene, zentrale Rotunde. Zuvor hatte das Parlament von Mississippi etwas weiter südlich im **Old State Capitol,** 100 South State Street, von 1838 getagt. Der Frontispiz dieses zweistöckigen, in zartrosa und weiß gehaltenen Gebäudes wird von sechs Säulen getragen, dahinter erhebt sich die dunkle Dachkuppel einer Rotunde. In dem alten Regierungspalast residiert das **Old State Capitol Museum** (www.mdah.state.ms.gov, Di–Sa 9–17, So 13–17 Uhr) mit Exponaten zur frühesten Besiedlung, zur Sklaverei, zum Baumwollanbau, zum Sezessionskrieg und zur Bürgerrechtsbewegung in Mississippi.

Nur wenige Straßenzüge weiter westlich beeindruckt in 300 East Capitol Street das 1842 ebenfalls im Greek Revival Style erbaute, prächtige **Governor's Mansion** (Di–Fr 9.30–11 Uhr), Wohnsitz des Gouverneurs von Mississippi. In der Gebäudemitte tritt der halbrunde Portikus mit vier korinthischen Säulen hervor. Weite Teile des mit Antiquitäten aus dem 18. und 19. Jh. ausgestatteten Inneren sind im Rahmen von halbstündigen Führungen zu besichtigen.

Die Dauerausstellung *The Story of Mississippi* des **Mississippi Museum of Art** (380 S. Lamar St., Di–Sa 10–17, So 12–17 Uhr, www.msmuseumart.org) präsentiert Maler, Fotografen, Bildhauer u.a. Künstler aus dem Staat Mississippi, darüber hinaus u.a. Werke von O'Keeffe, Picasso und Renoir.

Auf lehrreiche und unterhaltsame Art demonstriert das **Mississippi Museum of Natural Science** (2148 Riverside Dr., Mo–Fr 8–17, Sa 9–17, So 13–17 Uhr, www.mdwfp.com) Interessantes von den Tieren, Pflanzen und anderen naturwissenschaftlichen Belangen des Staates.

Am 1150 Lakeland Drive im Osten de Stadt präsentieren das **Mississippi Agriculture and Forestry Museum** und da **National Agricultural Aviation Museum** (Mo–Sa 9–17 Uhr, www.msagmuseum.org) mit seinen speziell ausgerüsteter Flugzeugen auf knapp 16 ha die beider wichtigsten Industriezweige des Bundesstaates, nämlich Landwirtschaft und Holzfällerei. Wirklichkeitsgetreu rekonstruiert, zieht die 1860 errichtete *Fortenberry-Parkman Farm* mit Haus, Ställen und Tieren Besucher in ihren Bann, während das nachgebaute *Small Town Mississippi* mit Geschäft, Tankstelle und Schul das Kleinstadtleben Mississippis um 192 widerspiegelt.

Im Nordosten von Jackson lohnt nörclich des Naherholungsgebietes *Ross Ba*

Das amerikanische Wappentier ziert die Kuppel des New State Capitol von Jackson

Auf einer Swamp-Tour kann man hautnah Alligatoren und andere Wildtiere beobachten

nett Reservoir ein von alten Zypressen bestandener, geradezu verträumter Sumpf einen Besuch. Man kann ihn auf dem **Cypress Swamp Trail** (Natchez Trace Parkway ab Meile 122) durchqueren, einem knapp 1 km langen, auf Pfählen erhöht angelegten Holzsteg. Das Blätterdach darüber ist so dicht, dass die Sonne kaum durchdringt. In diesem geheimnisvollen Dämmerlicht kann man vom sicheren Steg aus Schildkröten, Alligatoren, Schlangen oder Wasservögel beobachten.

TOP TIPP

i Praktische Hinweise

Information

Jackson Convention & Visitors Bureau, 111 E. Capitol St., Jackson, Tel. 601/960-18 91, 800/354-76 95, www.visitjackson.com

Hotel

***Old Capitol Inn,** 226 N. State St., Jackson, Tel. 601/359-90 00, 1-888-359-90 01, www.oldcapitolinn.com. Boutiquehotel in Downtown Jackson. 24 Zimmer und Suiten. Mit üppigem Southern Style Breakfast.

Restaurant

Sal & Mookie's, 565 Taylor St., Jackson, Tel. 601/368-19 19, www.salandmookies.com. Das Restaurant für die ganze Familie: Lunch und Dinner mit Pizza und Pasta, Burgern und Sandwiches sowie einem Eis zum Nachtisch.

8 Oxford

Umtriebiges Universitätsstädtchen.

Umrahmt von beschaulichen kleinen Farmen und Wäldern breitet sich im sanften Hügelland des nördlichen Mississippi das 1836 gegründete Oxford (21 800 Einw.) aus. In dieser während des Sezessionskrieges stark zerstörten Stadt bestimmten nie Plantagen das Alltagsleben, sondern die 1848 gegründete **University of Mississippi** (www.olemiss.edu), liebevoll **Ole Miss** genannt. Traurigen Ruhm erlangte sie 1962, als ein gewalttätiger weißer Mob die Immatrikulation von **James Meredith** als ersten schwarzen Studenten zu verhindern versuchte. Bei den Unruhen auf dem Campus starben zwei Menschen. Die Lage beruhigte sich

Denkmal für Bürgerrechte und den ersten schwarzen Studenten an der ›Ole Miss‹ in Oxford

erst mit Ankunft der von Präsident John F. Kennedy entsandten Bundestruppen, die Merediths Recht durchsetzten.

Zentrum von Oxford ist der **Courthouse Square** um das im Sezessionskrieg zerstörte, 1873 wieder aufgebaute Gerichtsgebäude. An den Platz grenzt die Nr. 119, das älteste erhaltene Geschäft im Süden, das 1839 eröffnete Kleinkaufhaus **Neilson's Department Store**. Die Hausfassade, vornehm in Blau und Beige gehalten, stammt aus dem Jahre 1897. Ein weiteres erwähnenswertes Eckhaus am Courthouse Square ist die Nr. 160, der Buchladen **Square Books**. Als es um 1865 errichtet wurde, hatte es zwar noch nicht seine auffällig stierblutrote Fassade, wohl aber die Arkadengänge im Erdgeschoss und den vorgesetzten Holzbalkon im 1. Stock. Regelmäßige Autorenlesungen locken ein interessiertes studentisches Publikum an. Danach genießt man oft abendliches Live-Entertainment in einem der zahlreichen, nahen **Musikclubs**, die sich entlang der Harrison Avenue aneinander reihen.

Westlich des Courthouse Square beginnt der **University Campus**. Das im Greek Revival Style mit sechs ionischen Säulen 1848 fertig gestellte **Lyceum** ist das einzige original erhaltene Gebäude der ›Ole Miss‹. Im Sezessionskrieg wurde es als Lazarett genutzt und blieb daher unversehrt. Ansonsten dominieren auf dem mit viel Grün aufgelockerten Gelände funktionale Backsteinbauten des ausgehenden 19. Jh. Dazu zählt auch Farley Hall, die das **Ole Miss Blues Archive** (Mo–Fr 8–17 Uhr) mit Platten, Filmen, Fotos und anderem zum Thema Blues beheimatet Zu seinen Besonderheiten zählt die rund 7000 Aufnahmen umfassende Musiksammlung der Blueslegende B.B. King Außerdem beherbergen die **University of Mississippi Museums** (Di–Sa 10–18 Uhr http://museum.olemiss.edu) in zwei Häusern auf dem Campus weitere, unterschiedliche Sammlungen etwa mit antiken Töpferwaren, Münzen, römischen und griechischen Skulpturen sowie amerikanischen Gemälden und regionalem Kunsthandwerk.

Ebenfalls in Universitätsbesitz befinde sich das um 1844 im Greek Revival Styl erbaute **Rowan Oak** (Di–Sa 10–16, So 13–16 Uhr, www.rowanoak.com) in der Ol Taylor Road. In dem eher kleinen Mittelstandshaus mit vier Frontsäulen un einem Spitzgiebel über dem Eingan wohnte **William Faulkner** (1897–1962) di letzten 30 Jahre seines Lebens. 1929 ge lang Faulkner der Durchbruch mit sei nem Roman ›*Sartoris*‹, heute gilt der Lite raturnobelpreisträger des Jahres 1949 al einer der wichtigsten Autoren der USA Seine Werke thematisieren den Konflik zwischen Vergangenheit und Gegenwart im amerikanischen Süden. Verständlich, dass er damals mit seinen Darstellungen vom Niedergang traditionsreicher, konservativer Südstaatenfamilien nicht überall auf Gegenliebe stieß. Die meisten seiner Romane spielen in einer fiktiven Stadt namens Jefferson am Mississippi, für die Oxford stellenweise Pate stand.

i Praktische Hinweise

Information

Oxford Convention & Visitors Bureau, 1013 Jackson Ave. E. Oxford, Tel. 662/232-2477, 800/758-9177, www.visitoxfordms.com

Hotel

**Graduate Oxford Hotel, 400 N. Lamar Blvd., Oxford, Tel. 662/234-3031, www.graduateoxford.com. Angenehmes, individuell gestyltes Stadthotel mit Fitnesscenter, nur eine Querstraße vom Courthouse Square entfernt.

Restaurant

TOP TIPP **City Grocery**, 152 Courthouse Sq., Oxford, Tel. 662/232-8080, www.citygroceryonline.com. Shrimps and Grits heißt eine der Spezialitäten des Lokals, das moderne Südstaatenküche serviert und vorzügliche Weine kredenzt. In der Bar im Obergeschoss kann man die Wartezeit bis zum Essen vergnüglich verbringen (Reservierung empfohlen, So abends geschl.).

9 Memphis

Heimat des Blues.

In der südwestlichsten Ecke von Tennessee ließen sich 1819 die ersten weißen Siedler auf Chickasawland nieder. Sie nannten die neue Stadt an der Mündung des Wolf River in den Mississippi nach der Hauptstadt des alten Ägypten Memphis. Am nördlichen Rand des **Cotton Belt**, des Baumwollanbaugebietes entlang des Mississippi, entwickelte sich die Ortschaft dank ihres sicheren Flusshafens schnell zum wichtigsten **Baumwoll- und Sklavenmarkt** von Tennessee. Das bereits 1862 von den Unionstruppen eingenommene Memphis war von den Kriegswirren kaum betroffen und behauptete auch nach dem Civil War seine Position als bedeutendstes Wirtschaftszentrum am Mississippi zwischen New Orleans und St. Louis. Doch die verheerenden **Gelbfieberepidemien** 1867, 1872 und 1877 dezimierten die Bevölkerung empfindlich und stürzten die Stadt in eine Depression. Erst als nach 1900 verstärkt schwarze Arbeiter aus dem Delta zuzogen, wuchs Memphis zur nach New Orleans zweitgrößten Stadt im Süden und prosperierte erneut, diesmal nicht nur als Baumwoll-, sondern vor allem als größter **Holzumschlagplatz** der USA.

Hier speiste der Literaturnobelpreisträger William Faulkner: Esszimmer auf Rowan Oak

Trotz ihrer Größe hat sich die Südstaatenmetropole (656 900 Einw., Großraum 1,4 Mio. Einw.) im Zentrum einen geradezu kleinstädtischen Charme bewahrt. Schaufelraddampfer befahren den Mississippi River, an dessen Ufer seit 1991 **The Pyramid** ❶, eine 97 m hohe Pyramide aus Glas und Stahl, steht, in der seit einigen Jahren ein großer Shop für Anglerbedarf und Outdooraktivitäten ansässig ist. **Main Street Trolleys** ❷ (www.matatransit.com), restaurierte Straßenbahnen im Erscheinungsbild des späten 19. Jh., fahren entlang der teilweise zur Fußgängerzone umfunktionierten Main Street durch Downtown. Das **Center for Southern Folklore** ❸ (119 South Main St., www.southernfolklore.com, Mo–Sa 11–18, So 14–18 Uhr) liefert mit kurzen Filmen sowie sehens- und hörenswerten Ausstellungen Einblicke in die Folkloregeschichte und -traditionen von Memphis.

TOP TIPP Schräg gegenüber mündet die **Beale Street** ❹, die berühmte Vergnügungsmeile, in der, so sagt man, der Blues geboren wurde. Seit Ende des 19. Jh. galt sie als Treffpunkt der Schwarzen, die in den Vierteln ringsum wohnten. Hier verbrachten sie ihre Freizeit, gingen einkaufen und essen. Stadterneuerungsmaßnahmen machten in den 1950er-Jahren ganze Wohnviertel der Gegend dem Erdboden gleich, doch die mittlerweile verkommene Beale Street wurde verschont. Anfang der 1980er-Jahre erfuhr die ›Heimat des Blues‹ als **Touristenattraktion** eine neuerliche Wertschätzung – und einen kräftigen Sanierungsschub. Heute hat die Beale Street mit ihren Geschäften, Musikclubs und Restaurants wieder einen hohen Unterhaltungswert. Wenn die Straße am Abend für den Autoverkehr gesperrt ist, schiebt sich ein Strom von Fußgängern im Schein der bunt leuchtenden Neonröhren vorbei an Straßenmusikern und zahlreichen Kneipen mit Livemusik.

Auch tagsüber lohnt sich ein Bummel durch die rund 800 m lange Beale Street. »Wenn man es bei Schwab's nicht findet, dann braucht man es nicht« – mit diesem Motto fungiert der weitläufige Gemischt-

Der ›Blues Boy‹ kurz vor seinem 83. Geburtstag bei der Eröffnung des B. B. King Museums in Indianola

Beale Street – Heimat des Blues

Die Musikrichtung des Blues wurzelt in den getragenen Liedern, die schwarze Arbeiter im ausgehenden 19. Jh. auf den Feldern oder Baustellen anstimmten, meist rhythmische, mitunter geradezu monotone Sprechgesänge. Der später als ›Vater des Blues‹ apostrophierte **William Christopher Handy** (1873–1958) griff den bei der farbigen Bevölkerung populären Sound auf. 1908 komponierte er für eine Bürgermeisterwahlkampagne den ersten Song im neuen Klang, der als **Memphis Blues** berühmt wurde. Sechs Jahre später folgte der **St. Louis Blues**, 1916 der **Beale Street Blues**.

Ende der 1940er-Jahre gewann der heute als ›Meister des Genre‹ bezeichnete **Riley King** (1925–2015) einen Amateurwettbewerb in der Vergnügungsmeile Beale Street. Unter dem Namen ›The Beale Street Blues Boy‹, kurz **B. B. King**, prägte der Gitarrist und Sänger seit den 1950er-Jahren die amerikanische Rhythm & Blues-Szene. Zwischen 1981 und 2006 wurde er mit 14 ›Grammy‹ ausgezeichnet, bereits 1987 für sein Lebenswerk. 2009 eröffnete im 200 km südlich gelegenen Indianola das **B.B. King Museum** (400 Second St., www.bbkingmuseum.org, Di–Fr 10–17, So/Mo 12–17 Uhr), das die Blueslegende und die Anfänge seiner Karriere in den Clubs dieser Kleinstadt dokumentiert.

Zu den weiteren musikalischen Größen, welche die Beale Street von Memphis hervorbrachte, zählen die Sängerin **Alberta Hunter** (1897–1984), der Gitarrist und Sänger **Furry Lewis** (1899–1981), der Sänger und Texter **Muddy Waters** (1915–1983) und der Gitarrist **Albert King** (1923–1992).

Entlang der Hauptstraße von Memphis verkehren Main Street Trolleys. Optisch erinnern die blauen, rot- und grünbeigen Wagen an die ersten Straßenbahnen Ende des 19. Jh.

warenladen **A. Schwab's Dry Goods Store** 5 (163 Beale St., www.a-schwab.com, Mo–Mi 12–17, Do 12–18, Fr/Sa 12–20, So 11–17 Uhr) als eine Art ›lebendes Museum‹. Seit der Eröffnung 1876 gibt es hier Kekse oder Bonbons einzeln aus dem Glas zu kaufen, im Angebot sind aber auch Samen, Decken oder Mottenkugeln. Im benachbarten **FedEx Forum** 6 (191 Beale St., www.fedexforum.com), dem modernen Entertainment- und Sportkomplex, spielen die Basketballer der Memphis Grizzlies oder internationale Konzertgrößen, außerdem informiert hier das **Memphis Rock'n' Soul Museum** (www.memphisrocknsoul.org, tgl. 10–19 Uhr) über die vielfältige Musikgeschichte der Stadt.

Dazu gehört auch die legendäre Gitarrenschmiede, die **Gibson Guitar Factory** 7 (145 Lt. George W. Lee Ave., www.gibson.com, Mo–Sa 11–16, So 12–16 Uhr, Führungen stdl.). Die Fabrik ist Teil des *Gibson*

Heute macht die Beale Street einen sehr touristischen Eindruck, doch in den Kneipen und Kaffeehäusern kann man noch immer gemütvollen Blues hören wie vor 100 Jahren

Kultstätte und Touristenattraktion: Auf Graceland, dem Anwesen von Elvis Presley in Memphis, fand der King of Rock'n'Roll auch seine letzte Ruhestätte

Beale Street Showcase, wo man erstklassigen Konzerten lauschen, Ausstellungen besuchen oder sich im hauseigenen Bistro *The Lounge* Kulinarisches zu Gemüte führen kann.

Eine wahre Revolution der Musikgeschichte nahm östlich der Beale Street ihren Anfang. Denn im kleinen **Sun Studio** 8 (706 Union Ave., www.sunstudio.com, tgl. 10–18 Uhr) produzierte 1951 Studiobesitzer Sam Phillips die Platte ›Rocket 88‹. Der von Jackie Brenston komponierte und mit Ike Turner eingespielte Titel wird oft als erster veröffentlichter Rock'n'Roll-Song angesehen. Die Welt erschüttern sollte dann etwas später ein gewisser Elvis Presley (1935–1977), der hier 1954 als vollkommen Unbekannter seinen ersten Song ›That's All Right‹ aufnahm. Auch Musikgrößen wie Jerry Lee Lewis, Carl Perkins oder Johnny Cash starteten in den Sun Studios ihre Karrieren.

Doch der Name Memphis markiert auch einen traurigen Meilenstein in der Geschichte der USA. Am 4. April 1968 wurde der schwarze Bürgerrechtler Dr. Martin Luther King Jr. (*1929) auf dem Balkon des **Lorraine Motel**, 450 Mulberry Street, von den Kugeln des Attentäters James Earl Ray tödlich getroffen. 1987–91 wurde der ehemalige Motelkomplex am Südende des Main Street Trolley und das Gebäude, aus dem die Schüsse kamen, zum **National Civil Rights Museum** 9 (www.civilrightsmuseum.org, Mi–Mo 9–17 Uhr) umgestaltet. Mit Schautafeln und audiovisuellen Dokumentationen erinnert das Museum zur Geschichte der Bürgerrechtsbewegung an den Kampf der Afroamerikaner in den 1950er- und 1960er-Jahren um die Gleichberechtigung. Vom Montgomery Bus Boycott bis zum Marsch von Selma sind die Stationen des zähen Ringens exzellent präsentiert und verständlich aufbereitet.

TOP TIPP

Vom zentral in der Innenstadt gelegenen Civic Center führt die Schwebebahn **Monorail** 10 über den Hafen nach **Mud Island** 11 (April–Okt. tgl. 10–17 Uhr, www.mudisland.com). Auf der erst im 20. Jh. angeschwemmten Insel beschäftigt sich das **Mississippi River Museum** 12 in 18 Abteilungen mit Geschichte und Musik der Region, informiert über die Schifffahrt auf dem Mississippi, zeigt Bootsmodelle und weitere mit dem Fluss verbundene Exponate. Am **Mississippi River Walk** 13 zeichnet auf der Länge von rund 800 m ein riesiges Modell des *Ole Man River* stolze 1600 km Stromverlauf und Ufertopografie maßstabsgetreu (1:2112) nach.

Aus der Innenstadt hinaus führt ein Abstecher zum **Zoo** 14 (www.memphiszoo.org, März–Okt. tgl. 9–17, sonst bis 16 Uhr) am Overton Park im Osten von Memphis. Der 1906 gegründete Tierpark wurde immer wieder um attraktive Gebäude wie das *Aquarium* und Gehege erweitert, u.a. für die Pandabären *Ya Ya* und *Le Le*, die bei den Besuchern besonders beliebt sind.

Graceland 15

Seit seinen ersten Schallplattenaufnahmen blieb der in Tupelo, Mississippi, geborene Elvis Presley Memphis verbunden. 1957 kaufte er einige Kilometer südlich der Stadt **Graceland Mansion** (Tickets unter Tel. 800/238-2000, www.graceland.com, März– Okt. Mo–Sa 9–17, So 10–16 Uhr, sonst kürzer) am heute nach ihm benannten Elvis Presley Boulevard (Nr. 3734). Elvis' Wohnzimmer, Musikzimmer, Küche und Büro sind ebenso Bestandteil von Führungen wie seine umfangreiche Sammlung goldener Schallplatten. Im angrenzenden **Meditation Garden** (tgl. 7.30–8.30 Uhr kostenlos, sonst nur im Rahmen einer kostenpflichtigen Führung) liegt die stets blumenübersäte letzte Ruhestätte des legendären ›King of Rock'n'Roll‹. Zu den weiteren Attraktionen auf der anderen Straßenseite zählen Elvis' Privatflugzeug ›Lisa Marie‹, benannt nach seiner Tochter, sein pinkfarbener Cadillac sowie das kleine **Sincerely Elvis Museum** das in aufwendigen Wechselausstellungen seine Bühnenkostüme, Fotos und privaten Videos präsentiert. Und last, but not least steht hier das von Elvis besungene **Heartbreak Hotel** (Tel. 901/332-1000, 877/777-0606, www.graceland.com), in dem man nach wie vor nächtigen kann.

i Praktische Hinweise

Information

Memphis Visitors Centre Bureau, 3205 Elvis Presley Blvd, Memphis, Tel. 901/543-5333, www.memphistravel.com

Schiff

Memphis Riverboats, Beale Street Landing, Memphis, Tel. 901/527-2628, www.memphisriverboats.net. Mississippifahrten mit dem Schaufelraddampfer (März–Okt. tgl. 14.30, Mai–Aug. Sa/So auch 17 Uhr) sowie Dinner Cruises (März–Okt. Sa 19.30, Mai–Aug. auch Fr.).

Hotels

TOP TIPP ****Peabody Hotel**, 149 Union Ave., Memphis, Tel. 901/529-4000, 800/732-2639, www.peabody memphis.com. Memphis' Grandhotel, durch dessen Lobby eine hauseigene Entenschar marschiert (tgl. 11, 17 Uhr). Berühmt ist aber auch das Nobelrestaurant ›Chez Philippe‹.

****River Inn of Harbor Town**, 50 Harbor Town Sq., Memphis, Tel. 901/260-3333, 1-877-222-1531, www.riverinnmemphis.com. Feines Boutiquehotel am Mississippi River. Mit Restaurant ›Paulette's‹.

Restaurants

B.B. King's Blues Club & Restaurant, 143 Beale St., Memphis, Tel. 901/524-5464, www.bbkings.com. Gumbo, Catfish und Shrimps. Livemusik, oft von bekannten Bluesbands.

Charlie Vergos Rendezvous, 52 S. 2nd St., Memphis, Tel. 901/523-2746, www.hogsfly.com. Überaus populäres Barbecue-Restaurant in Downtown. Hintereingang via Rendezvouz Ally. So/Mo geschl.

10 Nashville

Music City USA – die Wiege der Countrymusic.

Am Übergang vom Tal des Mississippi zum Appalachenplateau liegt die mit dem eingemeindeten Davidson rund 644 000 Einwohner zählende Hauptstadt von Tennessee (Großraum 1,6 Mio. Einw.) am Ufer des Cumberland River. An dieser Stelle gründeten Weihnachten 1779 Siedler unter Führung von James Robertson Fort Nashborough. Das daraus entstandene Nashville lag verkehrsgünstig am Endpunkt des Natchez Trace. Allerdings blühte es erst ab 1819 nennenswert auf, als der **Schaufelraddampfer** ›General

Die Hochhäuser von Nashville verraten, welch große Bedeutung die Hauptstadt der Countrymusic als eines der erfolgreichsten Geschäftszentren des neuen Südens hat

Viele Countrystars traten anfangs in den Bars am Lower Broadway, in der Honky Tonk Row, auf

Jackson‹ erstmals den Cumberland River flussaufwärts bewältigte und so die Stadt an das Verkehrswegenetz des Mississippi anschloss. Wegen seiner zentralen Lage wurde der Ort 1843 zur Hauptstadt von Tennessee ernannt.

Mitte des 19. Jh. unterbrach der **Sezessionskrieg** Nashvilles Aufschwung. Bereits im März 1862 eroberten Unionstruppen die Stadt und behaupteten sie auch gegen einen Konterangriff der Konföderierten 1864. Heute ist die hübsch restaurierte Innenstadt am Cumberland River, der im Mai 2010 die Stadt mit einem Rekordhochwasser überflutete und auch das Music Valley in Mitleidenschaft riss, von den höchsten Wolkenkratzern Tennessees umgeben. Sie sind **Firmensitze** zahlreicher Banken, Versicherungen und Verlage, mit denen sich Nashville in der zweiten Hälfte des 20. Jh. einen Namen machte – zusammen mit den mehr als 700 **Kirchen** und Religionsgemeinschaften der Stadt.

Seinen weltweiten Ruhm verdankt Nashville jedoch der **Countrymusic**. Die 1925 erstmals ausgestrahlte Radiosendung *Barn Dance*, geriet bald unter ihrem Spitznamen **Grand Ole Opry** zum Dauerbrenner. Nashville wurde zur *Music City* und ist heute mit etwas mehr als 50 Aufnahmestudios nach Los Angeles der zweitgrößte ›Musikproduzent‹ der USA. Die Ausprägungen der Countrymusic und ihre Interpreten sind vielfältig: Sie reichen vom ›Urgestein‹ Bill Monroe und seinen Blue Grass Boys über Raubein Johnny Cash bis zur Balladensängerin K. D. Lang mit ihren feministischen Liedern.

Der Geschichte und den Stars der Szene widmet sich die **Country Music Hall of Fame and Museum** (222 Fifth Ave. S., www.countrymusichalloffame.com, tgl. 9–17 Uhr) neben dem der Bridgestone Arena in Downtown. Seit 1967 werden die besten Countrymusiker in die ›Ruhmeshalle‹ aufgenommen. Jede Etage in dem 2001 neueröffneten vierstöckigen Gebäude präsentiert stolz eine eigene Zeitperiode – mit vielen persönlichen Erinnerungsstücken, Videos und Songbeispielen. Nur im Rahmen einer Führung durch die Country Hall of Fame ist eine Besichtigung des **RCA Studio B** (Tel. 615/416-2001, www.studiob.org) zu buchen. In dem kleinen Plattenstudio nahmen Musiklegenden wie Elvis Presley, die Everly Brothers und Willie Nelson ab den 1960er-Jahren ihre Platten auf.

2013 eröffnete nahe der Country Music Hall of Fame und des Cumberland River das **Johnny Cash Museum** (119 Third Ave. S., www.johnnycashmuseum.net, tgl. 9–19 Uhr). Mit Ausstellungen seiner Instrumente, Kostüme, Fotos, Briefe, Manuskripte und der vielen Auszeichnungen des Countrysängers feiert es den berühmten ›Man in Black‹ und seine Erfolge. Natürlich gibt es Hörproben seiner Musik.

In der Fifth Avenue North 116 befindet sich das **Ryman Auditorium** (Karten unter Tel. 615/889-3060, www.ryman.com, tgl. 9–16 Uhr). 1892 von Dampferkapitän Thomas Ryman im viktorianisch-neogotischen Stil erbaut, diente die Halle ur-

sprünglich als Ort für religiöse Veranstaltungen. Bald jedoch nutzte man sie dank ihrer hervorragenden Akustik für Konzerte. 31 Jahre lang, 1943–74, wurde die Radiosendung *Grand Ole Opry* von dieser Bühne aus übertragen, heute dient sie als Konzerthalle für alle Musikrichtungen.

Beidseits der 2nd Avenue zwischen Broadway und Church Street, die zum Cumberland River führen, erstreckt sich das vitale Viertel **Historic Market Street**. In den viktorianischen Lagerhallen aus dem 19. Jh. haben sich Geschäfte, Restaurants und Bars etabliert. An der Bicentennial Capitol Mall, einem Tennessee State Park, lohnt das **Tennessee State Museum** (505 Deaderick Street, www.tnmuseum.org, Di–Sa 10–17, So 13–17 Uhr) einen Besuch, in dem das Alltagsleben sowie die politische Geschichte der Region von den Ureinwohnern über den Sezessionskrieg bis zur Gegenwart dokumentiert wird. Ein Neubau des Museums entsteht bis 2018 am 1,5 km entfernten Rosa Parks Blvd. Nr. 1000.

Architektonisches Kernstück des *Centennial Park* westlich der Innenstadt ist der 1897 in Originalgröße entstandene Gipsnachbau des **Parthenon** (Di–Sa 9–16.30, April–Sept. auch So 12.30–16.30 Uhr), des Tempels auf der Athener Akropolis. In seiner Mitte steht die 12 m hohe, effektvoll angestrahlte Statue der Pallas Athene. Außerdem beherbergt das Gebäude das *City Art Museum*.

Music Valley

Gäste von außerhalb zieht es meist in das sogenannte Music Valley 15 km nordöstlich von Nashville. Unbestrittene Hauptattraktion ist die Konzerthalle **Grand Ole Opry** (2804 Opryland Dr., Karten unter Tel. 615/871-6779, 800/733-6779, www.opry.com), aus der seit 1974 die gleichnamige Radiosendung live übertragen wird. Bei ständig wechselnder Besetzung, aber stets mit Top-Musikern der Countryszene, gleicht hier keine Vorführung der anderen. Um hinter die Kulissen der berühmten Bühne zu schauen und mehr über die Welt der Stars zu erfahren, gibt es die *Backstage Pass Tours* (tgl. Febr.–Okt., Reserv. Tel. 800/733-6779). Sie führen Zuschauer u. a. in das Fernsehstudio A, in die Umkleiden der Stars und auf die Bühne selbst. Musikfans decken sich im Opry Shop mit CDs und anderen Souvenirs ein.

In den benachbarten **Opry Mills** (www.oprymills.com, Mo–Sa 10–21.30, So 11–19 Uhr), einem der größten Outlet Center der USA, locken rund 200 Geschäfte zur Schnäppchenjagd.

Beschaulicher geht es auf dem Schaufelraddampfer zu. Mit dem **General Jackson Showboat** (2812 Opryland Dr., www.

In der Grand Ole Opry treten die Stars der Countryszene auf

generaljackson.com, Tel. 615/458-3900, 866/567-5225) kann man auf dem Cumberland River bis in die Innenstadt von Nashville schippern.

Ausflüge

10 km westlich von Nashville Downtown liegt das Herrenhaus der **Belle Meade Plantation** (110 Leake Ave., www.bellemeadeplantation.com, tgl. 9–17 Uhr), ein 1853 erbautes Greek-Revival-Haus mit einem von sechs Säulen getragenen Portikus und einer original viktorianischen Inneneinrichtung. Das 1836–1903 betriebene Gestüt von Belle Meade gehörte um 1880 zu den erfolgreichsten Vollblutzuchten der USA.

Knappe 10 km weiter östlich (I-40, Ausfahrt 221, 4580 Rachel's Lane) ist Andrew Jacksons Residenz **The Hermitage** (www.thehermitage.com, April–Okt. tgl. 8.30–17 Uhr) für Besucher geöffnet. 1821 wurde das Haus des Generals und 7. Präsidenten der USA im Federal Style erbaut, 1831–36 mit zweistöckigem Portikus an Vorderfront und Rückseite im Greek Revival Style erweitert. Die Innenräume sind mit Originalmobiliar ausgestattet. Ringsum erstreckt sich ein großzügiger Garten, in dem Jacksons Grab liegt – von Säulen umrahmt, über denen sich eine kleine Kupferkuppel spannt.

Eine besonders unterhaltsame Stadtrundfahrt präsentiert Gray Line mit der *Homes of the Stars Tour*. Über ein Dutzend sehenswerter derzeitiger oder ehemaliger Villen und Landsitze der Countrymusic-Stars (u.a Dolly Parton, Taylor Swift, Toby Keith) und anderer prominenter Bürger von Nashville kann bewundert werden (3,5 Std., Tel. 800/472-9546, www.grayline.com).

i Praktische Hinweise

Information

Nashville Convention & Visitors Bureau, 150 Fourth Ave. N., Nashville, Tel. 615/259-4787, 800/657-6910, www.visitmusiccity.com

Hotels

*****Embassy Suites Airport,** 10 Century Blvd., Nashville, Tel. 615/871-0033, 800/362-2779, www.embassysuites.com. Verkehrsgünstig gelegenes, komfortables Hotel nahe der Innenstadt und des Flughafens. Mit Frühstück.

*****Gaylord Opryland Resort**, 2800 Opryland Dr., Nashville, Tel. 615/889-1000, 888/236-2427, www.gaylordopryland.com. Traumhafte Hotelanlage: Gesäumt von Balkonen gedeihen unter einer riesigen Glaskuppel drei große Gartenanlagen mit tropischen Pflanzen, Wasserfällen, Booten, Restaurants und Bars.

Bars

Tootsie's Orchid Lounge, 422 Broadway, Nashville, Tel. 615/726-0463, www.tootsies.net. Livemusik auf kleiner Bühne, die das Sprungbrett großer Stars war (tgl. 10–2 Uhr).

Wildhorse Saloon, 120 Second Ave. N. (Historic Market St.), Nashville, Tel. 615/902-8200, www.wildhorsesaloon.com. In dem Salon können sich Country- und Westernfans beim Line Dance einreihen.

Restaurant

TOP TIPP **Jimmy Kelly's Steakhouse**, 217 Louise Ave., Nashville, Tel. 615/329-4349, www.jimmykellys.com. Seit 1934 serviert das Restaurant in einem restaurierten viktorianischen Haus exquisite Steaks sowie köstliche Kalb-, Lamm- und Fischgerichte (Dinner Mo–Sa).

Golfküste und Alabama – Sandstrände und Mondraketen im Kernland des Südens

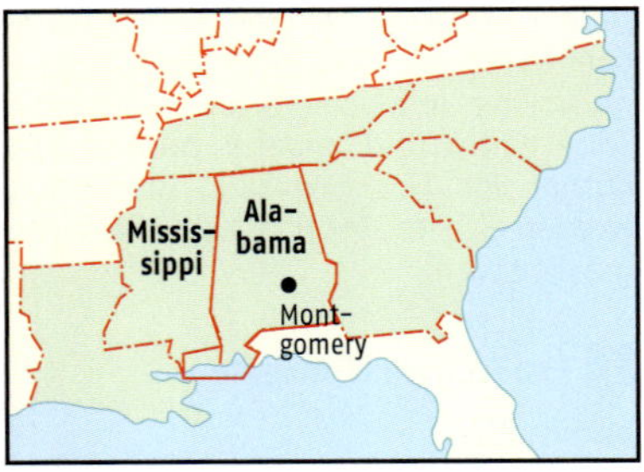

Nur ein rund 200 km langes, aber sehr feines Stück Golfküste gehört zu Alabama und Mississippi. Hier liegen, zwischen den Seebädern **Mobile** und **Biloxi** sowie auf den vorgelagerten Inseln der **Gulf Islands National Seashore** einige der schönsten weißen Sandstrände der USA. Die schweren Schäden, die Hurrikan ›Katrina‹ 2005 auch hier anrichtete, sind inzwischen weitgehend beseitigt.

Auf einer Reise durch das fruchtbare, nach wie vor stark von Agrarwirtschaft geprägte Landesinnere von Alabama berührt man immer wieder Stationen der Bürgerrechtsbewegung, z. B. in **Selma** oder dem benachbarten **Montgomery**. Eine Sonderstellung nimmt in dieser Hinsicht die alte Stahlstadt **Birmingham** ein, die sich von einer Hochburg der Ignoranz zu einer liebenswerten Universitätsstadt gewandelt hat. Etwa 60 km südwestlich ging 1997 bei *Tuscaloosa* ›ein Stern auf‹, als dort die ersten in den USA produzierten Mercedes-Benz-Kraftfahrzeuge vom Band rollten. Mit einer besonderen Überraschung wartet **Huntsville** auf: Das *U.S. Space & Rocket Center* gehört zum Spektakulärsten, was Weltraumfreunde in den USA finden können.

11 Mobile

Azaleen, Antiquitäten, Antebellumhäuser.

Wo Mobile River und Tensaw River im Scheitel in die flache, tief ins Land einschneidende Mobile Bay münden, liegt die gleichnamige **Hafenstadt**. Bekannt ist das 194 800 Einwohner zählende Mobile für seine Azaleenblüte Ende März und vor allem für den **Mardi Gras**. In dieser Stadt wurde nämlich der Karneval 1704 erstmals begangen und seitdem alljährlich – mit kurzer Unterbrechung im Sezessionskrieg – gefeiert. Zwei Wochen vor Aschermittwoch beginnt das bunte Spektakel, das zwar etwas bescheidener ausfällt als in New Orleans, aber mit Livemusik, Paraden, Bällen und Kostümwettbewerben nicht weniger ausgelassen oder originell ist.

Geschichte 1702 gründete Jean-Baptiste Le Moyne, Sieur de Bienville, 40 km flussaufwärts der heutigen Stadt das **Fort Louis de la Mobile**, benannt nach dem damals dort ansässigen Volk der Maubila. Neun Jahre später verlegte der Franzose die junge Siedlung nach einer Überschwemmung an ihren heutigen Standort, wo das 1724–35 erbaute **Fort Condé** den neu angelegten Hafen schützen sollte. Mit Ende des French and Indian War (1756–63) ging die Stadt kampflos in die Hände der Briten über, die sie allerdings nur bis 1780 hielten. Dann übernahmen die von Florida anrückenden Spanier Mobile, mussten es aber ihrerseits 1813 der US-Armee übergeben. Damit begann der Aufschwung zum regen Baumwollexport-, später Militärhafen und zur damals größten Stadt Alabamas. In der Schlacht von Mobile Bay wurde sie 1864, kurz vor Ende des **Sezessionskrieges**, von der Nordstaatenmarine unter Admiral David G. Farragut erobert. Die Lage am Meer verpflichtet nach wie vor, und noch heute ist Mobile wichtiger **Seehafen**, Marinestützpunkt und Sitz zahlreicher Werften.

Besichtigung Erster Anlaufpunkt in der Stadt ist das *Welcome Center* im detailgetreu rekonstruierten, trutzigen **Fort**

Condé (150 S. Royal St., www.museumofmobile.com, tgl. 8.30–16.30 Uhr) am etwas erhöhten Ufer des Mobile River. Mit viel Pulverdampf demonstrieren im Hof historisch gewandete ›Soldaten‹ das Militärleben des 18. und 19. Jh. Fort Condé ist Teil des **History Museum of Mobile** (111 S. Royal St., Tel. 251/208-7569, www.museumofmobile.com, Mo–Sa 9–17, So 13–17 Uhr), dessen permanente und wechselnde Ausstellungen die wechselvollen Anfänge der Stadt Mobile und andere geschichtliche Aspekte beleuchten.

Weiter nördlich lohnt das spannende und spaßige Wissenschaftsmuseum **Gulf Coast Exploreum Science Center** (65 Government St., Tel. 251/208-6893, www.exploreum.com, Di–Do 9–16, Fr/Sa 9–17, So 12–17 Uhr) vor allem für große und kleine Naturforscher einen Besuch.

Unmittelbar westlich schließt sich die schachbrettartig angelegte, charmante Altstadt an. Über die Church Street stadtauswärts erreicht man bald den feinen *Oakleigh Garden District* südwestlich des Zentrums. Dort umgeben mächtige Eichen das 1833 auf der Anhöhe 300 Oakleigh Place im Greek Revival Style erbaute **Oakleigh** (www.historicoakleigh.com, Mo/Di und Do–Sa 10–16 Uhr). Das von schlanken viereckigen Pfeilern und einer Veranda umgebene Stadthaus des Baumwollhändlers James W. Roper ist elegant mit Antiquitäten des 19. Jh. eingerichtet. Heute dient es als Ausstellungskomplex, zu dem auch das *Cox-Deasy Cottage Museum*, ein bürgerliches kreolisches Wohnhaus, gehört.

Während des alljährlichen Mardi Gras verwandelt sich Mobile zum bunten Spektakel

Regionale Kunst der Südstaaten, Gemälde aus dem Amerika der 1930er- und

Augenweide im Greek Revival Style: die elegante Villa Oakleigh im Oakleigh Garden District

1940er-Jahre sowie moderne Kunst sind Schwerpunkte des 2002 erweiterten **Mobile Museum of Art** (www.mobilemuseumofart.com, Di–So 10–17, Do bis 21 Uhr) am Museum Drive im nordöstlichen Langan Park. Darüber hinaus ist ein breites Spektrum europäischer, asiatischer und afrikanischer Kunst aus den letzten zwei Jahrtausenden zu sehen. Im **Battleship Memorial Park** (www.ussalabama.com, April–Sept. 8–18, sonst bis 17 Uhr) am Ostufer des Mobile River liegt das einstige Schlachtschiff **USS Alabama**, mit 35 000 t ein gepanzerter Gigant, der im Zweiten Weltkrieg von 2500 Mann Besatzung ›in Schuss‹ gehalten wurde. Auch das U-Boot *USS Drum* und einige Militärflugzeuge können besichtigt werden.

Ausflug

In Theodore, 33 km südlich von Mobile (Zufahrt über CR 59), entstanden TOP TIPP 1918 die **Bellingrath Gardens** (www.bellingrath.org, tgl. 8–17 Uhr) als Angelcamp von Walter D. Bellingrath, der mit Coca-Cola-Abfüllanlagen ein Vermögen verdiente. Die üppigen Gärten, die sich rund um die 1937 erbaute Villa der Familie Bellingrath erstrecken, entfalten besonders im März/April ihre ganze Pracht, wenn rund 250 000 Azaleen blühen. Ansonsten locken zauberhafte Rosen, Chrysanthemen oder Kamelien.

Praktische Hinweise

Information

Mobile Bay Convention & Visitors Bureau, Fort Condé Welcome Center, 150 S. Royal St., Mobile, Tel. 251/208-20 00, 800/566-24 53, www.mobile.org

Hotel

**** **Battle House Renaissance Mobile Hotel**, 26 N. Royal St., Mobile, Tel. 251/338-20 00, 866/316-59 57, www.marriott.com. Historisches Hotel in Downtown. 238 Zimmer, Dachterrasse mit Pool.

Restaurant

Bluegill Restaurant, Spanish Fort, 3775 Battleship Pkwy., Tel. 251/625-19 98, www.bluegillrestaurant.com. Das Restaurant östlich der Stadt serviert vor allem Fisch und Muscheln bei Livemusik.

Im Battleship Memorial Park bei Mobile liegt die ausrangierte USS Alabama vor Anker, die während des Zweiten Weltkriegs vor allem im Pazifik eingesetzt worden war

Ein Meer von Azaleenblüten umgibt die Bellingrath Gardens im Frühjahr

12 Biloxi

Traumstrände und Glitzerwelt der Kasinos.

Urlaubsfreuden ist das Motto von Biloxi (45 000 Einw.): Sonnenanbeter und Badefreunde lieben die kilometerlangen weißen **Sandstrände**, begleitet vom breiten Beachboulevard. Hier tobte sich Hurrikan ›Katrina‹ 2005 mit bis zu 10 m hohen Flutwellen aus, spülte Boote an Land und schluckte ganze Häuserreihen. Inzwischen bringen Jachten wieder wie eh und je Hochseeangler hinaus in den Golf von Mexiko, und am Strand versprechen mehrere große **Kasinos** Nervenkitzel rund um die Uhr. Unwiederbringlich verloren sind allerdings die meisten der schönen Antebellumhäuser aus dem 19. Jh., als Biloxi das bedeutendste **Seebad** zwischen Mobile und New Orleans war. Die 1,5-std. Rundfahrt mit dem *Biloxi Tour Train* (Tel. 228/374-8687, 866/411-86 87, www.biloxitourtrain.com) mit Startpunkt Leuchtturm am Hwy. 90 veranschaulicht sowohl die negativen als auch die positiven Folgen des Sturms, der das Stadtbild bedeutend verändert und modernisiert hat.

Biloxi datiert seine Entstehung auf das Jahr 1699, als Pierre Le Moyne, Sieur d'Iberville, mit Fort Maurepas auf der Ostseite der weit verzweigten Biloxi Bay – im heutigen **Ocean Springs** – die erste permanente Siedlung der damals französischen Kolonie La Louisiane gründete. Bis es 1722 von New Orleans als Regierungssitz der französischen Provinz Loui-

Strand und Pier in Biloxi laden zu ausgedehnten Spaziergängen ein

siana abgelöst wurde, diente Biloxi sogar als Regierungssitz. Anfang des 19. Jh. entdeckten immer mehr wohlhabende Urlauber das hübsche am Mississippi gelegene Hafenstädtchen mit den feinen Stränden als **Sommerfrische**. Herbe Einbrüche erlebte die florierende Freizeitindustrie jedoch durch die Hurrikan ›Camille‹ 1969 und ›Katrina‹ 2005.

Stets war die Fischerei einer der Haupterwerbszweige der Bevölkerung von Biloxi. Das von ›Katrina‹ 2005 zerstörte **Maritime & Seafood Industry Museum** (www.maritimemuseum.org, Tel. 228/435-63 20, Mo–Sa 9–16.30, So 12–16 Uhr) wurde auf der 1st St. Nr. 115 im Jahr 2014 komplett neu eröffnet. Am bereits 2006 konstruierten **Schooner Pier** (367 Beach Blvd., Mo–Fr 10–16.30 Uhr) ankern die beiden museumseigenen Segelschiffe ›Glen L. Swetman‹ und ›Mike Sekul‹ und dokumentieren die maritime Geschichte Biloxis. Sie können besichtigt werden und fahren beinahe täglich auf den Golf von Mexiko hinaus.

In dem 1851 erbauten Anwesen **Beauvoir** (2244 Beach Blvd., www.visitbeauvoir.org, tgl. im Sommer 8–18, im Winter 9–17 Uhr) im Westen von Biloxi, verbrachte Jefferson Davis (1808–1889) die letzten zwölf Jahre seines Lebens. Der einstige Senator von Mississippi war 1853–57 Verteidigungsminister der USA. 1861 wurde Davis bei der Konstitution der Konföderierten Staaten zu deren Präsident gewählt, was er bis zum Ende des Sezessionskrieges blieb. Er genoss von Beauvoir (frz. schöner Blick) eine wahrhaft herrliche Aussicht auf den Golf von Mexiko.

Mittlerweile steht der von dem Stararchitekten Frank O. Gehry entworfene zweite Neubau des **Ohr-O'Keefe Museum of Art** (386 Beach Blvd., www.georgeohr.org, Di–Sa 10–17 Uhr) – er ersetzte den fast fertiggestellten Neubau, der 2005 von Hurrikan ›Katrina‹ zerstört worden war. *Mad Potter of Biloxi*, ›Verrückter Töpfer von Biloxi‹ nannte sich der exzentrische George Edgar Ohr (1857–1918) selbst. Stets stellte er den künstlerischen Ausdruck seiner Produkte vor deren Funktionalität. Erst seit Mitte des 20. Jh. findet seine Arbeit Anerkennung in der Kunstwelt. Hier werden seine Werke neben afroamerikanischer Volkskunst und zeitgenössischer regionaler Kunst präsentiert.

Bestandteile des Museumskomplexes sind u. a. auch die Gallery of African American Art, das Pleasant Reed Interpretive Center, ein Mississippi Sound Welcome Center sowie ein Museumscafé und -geschäft. Vom dritten Stock gibt es eine tolle Aussicht auf das Meer.

Ausflug

Vor der Golfküste von Mississippi liegen die westlichen Ausläufer der **Gulf Islands National Seashore** (www.nps.gov/guis)

Das Naturschutzgebiet umfasst eine bis nach Pensacola, Florida, reichende Kette lang gestreckter, sandgesäumter Inseln. Vom **Gulfport Yacht Harbor** rund 10 km westlich von Biloxi legen im Sommer dreimal täglich (sonst zweimal) *Ausflugsboote* (Tel. 222/864-1014, 866/466-73 86, www.msshipisland.com) ab. In etwa 1 Std. erreichen sie die gut 20 km entfernte **West Ship Island**. Die 1969 durch den Hurrikan ›Camille‹ von East Ship Island abgetrennte Insel besitzt prachtvolle, blütenweiße **Sandstrände**, die zum Sonnenbaden, Schwimmen oder Spaziergehen einladen. Historisch interessierte Besucher erkunden auch gern das gut erhaltene, 1859 zur Verteidigung der Küste erbaute **Fort Massachusetts**.

TOP TIPP

i Praktische Hinweise

Information

Mississippi Gulf Coast Convention & Visitors Bureau, 2350 Beach Blvd., Suite A, Biloxi, Tel. 228/896-66 99, 888/467-48 53, www.gulfcoast.org

Schiff

Biloxi Shrimping Trip, 693 Beach Blvd., Small Craft Harbor, Biloxi, Tel. 228/392-86 45, www.biloxishrimpingtrip.com. Ausflug mit dem Krabbenkutter ›Sailfish‹ (Mitte Febr.–Nov. tgl., Dauer 70 Min.).

Kasino

Palace Casino Resort, 158 Howard Ave., Biloxi, Tel. 800/725-22 39, www.palace casinoresort.com. Glücksspiel und Entertainment sowie ein Vier-Sterne-Hotel mit feinen Restaurants.

Hotel

*****DoubleTree by Hilton**, 940 Beach Blvd., Biloxi, Tel. 228/546-3100, 855/610-87 33, www.doubletree3.hilton.com. Zentral gelegenes, komfortables Hotel in Strandnähe unweit des Leuchtturms. 195 Zimmer sowie Restaurant und Bar.

Restaurants

Mary Mahoney's Old French House, 110 Rue Magnolia, Biloxi, Tel. 228/374-01 63, www.marymahoneys.com. Biloxis Spitzenrestaurant für Fisch- und Muschelspezialitäten (So geschl.).

The Shed – Barbecue & Blues Joint, 7501 Hwy. 57, Ocean Springs (via I-10, Exit 57), Tel. 228/875-9590, www.theshedbbq.com. Populärer Burgerschuppen mit hervorragender Speisekarte und Bluesabenden.

13 Selma

Brennpunkte: Baumwolle und Bürgerrechte.

Das Städtchen (19 800 Einw.) liegt auf den Anhöhen beiderseits des Alabama River. Als regionales Zentrum des Baumwollexportes und Sklavenhandels wurde der **Binnenhafen** schon im 18. Jh. reich. Antebellumhäuser mit parkähnlichen Gärten und die Geschäftsviertel an der Water Avenue künden vom Glanz des Alten Südens. Die wirtschaftliche Blütezeit endete mit dem Sezessionskrieg: In Selma befanden sich eine kriegswichtige Werft, Munitionsproduktion und -lager. Zwei Drittel der Stadt wurden daher kurz vor Kriegsende 1865 von der Nordstaatenarmee zerstört.

Ein knappes Jahrhundert später stand die Stadt erneut im Rampenlicht der Öffentlichkeit. Am 7. März 1965 forderte **Bloody Sunday**, der ›Blutige Sonntag‹, fast 100 Verletzte. Damals formierten sich an der *Brown Chapel AME (African Methodist Episcopal) Church* rund 500 Personen zu einem friedlichen Bürgerrechtsmarsch in die benachbarte Hauptstadt Montgomery. Die örtliche Polizei stoppte den Zug bereits nach wenigen Metern an der **Edmund Pettus Bridge** über den Alaba-

An der Brown Chapel formierten sich 1965 Bürgerrechtler zum Protestzug von Selma

ma River unter Einsatz von Schlagstöcken und Tränengas. Auch ein zweiter Versuch am übernächsten Tag misslang. Zwei Wochen später brachen die Aktivisten, nunmehr mit Dr. Martin Luther King Jr. und anderen bekannten Bürgerrechtlern an der Spitze, zum dritten Mal auf, überquerten diesmal unter dem Schutz der Bundespolizei die Brücke und erreichten Montgomery. Über diese und andere Ereignisse der Bürgerrechtsbewegung in Selma berichtet das **National Voting Rights Museum** (6 US Hwy. 80 E., www.nvrmi.com, Mo–Do 10–16, Fr–So nur nach Vereinbarung) auf der östlichen Seite der Edmund Pettus Bridge. Man kann dort z. B. die bewegenden Berichte von Augenzeugen lesen, ergänzt durch Fotografien und Filmsequenzen.

Eine andere Facette des Südens stellt **Sturdivant Hall** (713 Mabry St., Di–Sa 10–16 Uhr) in den Mittelpunkt, das wie kein zweites erhaltenes Haus der Stadt die lokale Baukunst kurz vor Ausbruch des Sezessionskrieges zeigt. Entworfen wurde die Villa 1853 im Greek Revival Style mit sechs korinthischen Säulen um den Eingang von Thomas Helm Lee, einem Cousin des Südstaatengenerals Robert E. Lee. Wertvolle Bleiglasfenster und Antiquitäten im Inneren vervollkommnen den Eindruck eines harmonischen Ganzen.

Von einer dicken Mauer umgeben sowie mit alten Eichen und prunkvollen Marmorstatuen bestanden, zeigt sich der **Live Oak Cemetery** in der West Dallas Avenue von einer malerischen Seite. Seit er 1829 eingeweiht wurde, fanden auf diesem parkähnlichen Friedhof auch bedeutende Persönlichkeiten aus Selma ihre letzten Ruhestätten. Darunter befinden sich u. a. US-Vizepräsident William Rufus King, Südstaatengeneral Edmund W. Pettus und Benjamin Sterling Turner, der 1870 als erster schwarzer Abgeordneter aus Alabama in den Kongress gewählt wurde.

i Praktische Hinweise

Information

Selma Welcome Center, 132 Broad St., Selma, Tel. 334/874-47 64, 800/457-35 62, www.selmaalabama.com

Hotel

*****Cheltenham Park Hall Bed & Breakfast**, 509 Dallas Ave., Selma, Tel. 334/877-12 10, www.cheltenhamparkhall.com. Drei mit Antiquitäten ausgestattete Zimmer in ansehnlicher, viktorianischer Villa im historischen Bezirk.

Restaurant

Tally-Ho Restaurant, 509 Mangum Ave., Selma, Tel. 334/872-13 90, www.tallyhoselma.com. Traditionelle Gerichte, ergänzt durch Steak, Pasta und Fisch (So geschl.).

Im National Voting Rights Museum stehen Fußabdrücke für Beteiligte der Bürgerrechtsmärsche

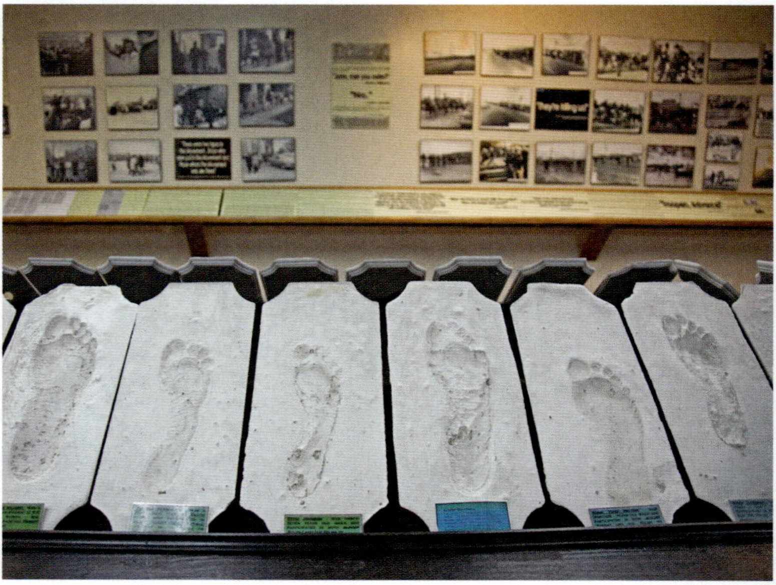

Montgomery – in der Südstaatenstadt wurzeln Bürgerkrieg und Bürgerrechtsbewegung

14 Montgomery

Einst Zentrum von Intoleranz und Rassenunruhen, heute beschauliche Südstaatenstadt.

Montgomery im Herzen Alabamas, seit 1846 **Staatshauptstadt**, ist mit 200 500 Einwohnern ein relativ überschaubarer Industriestandort am hügeligen Ufer des Alabama River. Von dem regen Binnenhafen wurde seit der Gründung 1817 Baumwolle, seit Anfang des 20. Jh. auch Holz nach Mobile verschifft. Im Laufe seiner Geschichte geriet Montgomery dreimal in die Schlagzeilen. 1861, nach Gründung der **Konföderierten Staaten**, war es drei Monate lang Hauptstadt der von den USA abgespaltenen Bundesstaaten. Ein knappes Jahrhundert später, am 1. Dezember 1955, wurde die schwarze Näherin **Rosa Parks** wegen Missachtung der Segregationsbestimmungen verhaftet, da sie in einem öffentlichen Bus ihren Platz nicht aufgeben wollte, als ein Weißer Anspruch darauf erhob. Aus Protest boykottierte Montgomerys gesamte schwarze Bevölkerung über ein Jahr lang die städtischen Buslinien. Der **Montgomery Bus Boycott** erreichte sein Ziel Ende 1956, als das oberste Gericht der USA die Segregation in öffentlichen Verkehrsmitteln aufhob. 1965 schließlich endete der letzte große **Freedom March** der Bürgerrechtsbewegung, der Protestzug von Selma [s. S. 61], am Alabama State Capitol, wo Dr. Martin Luther King Jr. vor 25 000 Anhängern eine flammende Rede gegen die Rassentrennung hielt.

Eine der spirituellen Geburtsstätten der Bürgerrechtsbewegung ist die **Dexter Avenue King Memorial Baptist Church** (454 Dexter Ave., www.dexterkingmemorial.org, Führungen Mo–Sa 10, 11, 13, 14 und 15 Uhr), in der Dr. Martin Luther King Jr. 1954–60 als Pfarrer predigte. In dem hübschen roten Backsteinbau mit dem weißen Turm erinnert das Wandgemälde *The Beginning of a Dream* an wichtige Personen und Ereignisse in Zusammenhang mit dem Kampf um Gleichberechtigung. Weiter südlich an der Washington Avenue beeindruckt das 1989 von Maya Lin geschaffene schlichte **Civil Rights Monument**. In fast zeitlos wirkender Atmosphäre rinnt ein stetiger Wasserfilm über die schwarze Granitscheibe mit den eingravierten Namen und Lebensdaten von 40 während der Bürgerrechtsbewegung getöteten Männern, Frauen und Kindern.

Dr. Martin Luther King Jr. sah die Erfüllung seines Traumes zum Greifen nah

Der lange Weg in die Freiheit

Offiziell endete die Sklaverei in den USA 1863. Tatsächlich aber fristete noch Mitte des 20. Jh. die Mehrheit der schwarzen Bevölkerung ein kärgliches Dasein als Pachtbauern, Feld- oder Fabrikarbeiter. Das Alltagsleben im Süden war bestimmt von **Segregation**, von ›Rassentrennung‹. Nach dem Grundsatz ›separate but equal‹, ›getrennt, doch gleich‹, waren Schwarzen und Weißen in allen öffentlichen Einrichtungen, von Krankenhäusern über Parks oder Theatern bis zu Schulen getrennte Lebensräume zugewiesen – die einander qualitativ keinesfalls gleich waren. Diese Apartheid war legalisiert durch bundesstaatliche und föderale Gesetze, die nach der beliebten Figur eines damaligen Karikaturisten **Jim Crow Laws** genannt wurden.

Zwar hob der oberste Gerichtshof der USA im Urteil vom 17. Mai 1954 die Rassentrennung in öffentlichen Schulen und 1956 im Personenverkehr zwischen den Bundesstaaten auf, doch fühlten sich die Regierungen der Südstaaten diesen **Gerichtsurteilen** nicht verpflichtet und verfolgten eine gegenteilige Politik. Aber nun wehrte sich die schwarze Bevölkerung und forderte ihre verfassungsgemäßen Rechte ein. Die Jahre bis 1965 waren geprägt vom **Civil Rights Movement**, der Bürgerrechtsbewegung. Auf das gemeinsame Ziel der Gleichberechtigung arbeiteten unterschiedliche Organisationen hin, etwa die bereits 1909 gegründete **NAACP**, National Association for the Advancement of Colored People, **CORE**, Congress of Racial Equality, oder die **SCLC**, die Southern Christian Leadership Conference. Am erfolgreichsten und medienwirksamsten waren Aktionen des zivilen Ungehorsams bzw. gewaltlose Provokationen wie etwa **Freedom Rides**, bei denen Menschen unterschiedlicher Hautfarben – angefeindet und oft unter Einsatz ihres Lebens – gemeinsam in öffentlichen Bussen durch den Süden der USA reisten. **Sit-ins** und **Boykotte** trafen den wirtschaftlichen Nerv, und sog. **Voting Marches** zielten darauf ab, möglichst viele schwarze Wähler registrieren zu lassen, um so politischen Einfluss zu gewinnen.

Doch der Kampf forderte zahlreiche **Opfer**. Manche der Aktivisten wurden erschlagen, vier kleine Mädchen starben 1963 in Birmingham bei einem Bombenanschlag auf ihre Kirche, andere wurden erschossen. Die tödliche Kugel eines Attentäters traf 1968 in Memphis auch Dr. Martin Luther King Jr. Doch der charismatische Führer der Bürgerrechtsbewegung hatte noch erlebt, dass der amerikanische Kongress 1964 den **Civil Rights Act** und 1965 den **Voting Rights Act** ratifizierte. Damit war der Weg zumindest offiziell frei für die Erfüllung von Kings Traum, den er in seiner Rede **›I have a dream‹** am 28. August 1963 mit 250 000 Zuhörern vor dem Kapitol in Washington D. C. teilte, dass seine »vier kleinen Kinder eines Tages in einer Nation leben werden, die sie nicht nach ihrer Hautfarbe, sondern nach ihrem Charakter beurteilt«.

Ebenfalls an der Dexter Avenue steht in Flussnähe das 1850–51 nach Plänen des Architekten Stephen Decatur Button im Greek Revival Style errichtete **Alabama State Capitol** (www.preserveala.org, Mo–Sa 9–16 Uhr). Der, wie sein Washingtoner Vorbild, weiße Kuppelbau mit großzügiger Rotunde wurde mehrfach erweitert. Einige der historischen Sitzungssäle sind zu besichtigen, etwa der, in dem am 18. Februar 1861 Jefferson Davis als Präsident der neugegründeten *Confederate States of America* vereidigt wurde. Bis zum Mai 1861 lebte Davis in Montgomery im **First White House of the Confederacy** (644 Washington Ave., www.firstwhitehouse.org, Mo–Fr 8–16.30, Sa 9–16 Uhr) von 1835. Daran erinnern gegenüber vom Capitol zahlreiche Memorabilien in dem Italianate-Style-Haus, das erst 1921 von seinem ursprünglichen Standort im *Lower Commerce Street Historic District* hierher versetzt wurde.

Nordwestlich des Kapitols zeigen im Museumsdorf **Old Alabama Town** (301 Columbus St., www.oldalabamatown.com, Mo–Sa 9–16 Uhr) rekonstruierte Wohngebäude und Werkstätten das Leben im 19. Jh., von der Holzhütte der ersten Farmer bis zum städtischen Mittelklassehaus.

Weit über die Grenzen Alabamas hinaus ist das **Alabama Shakespeare Festival** (www.asf.net, Anfang Okt.–Mitte Juli Di–Fr 19.30, Sa/So 14 Uhr) bekannt. Die ausgezeichneten klassischen und modernen Inszenierungen werden auf zwei Bühnen des **State Theater** (Tel. 800/841-4273) am Festival Drive im Südosten der Stadt aufgeführt.

i Praktische Hinweise

Information

Montgomery Visitor Center, 300 Water St., Montgomery, Tel. 334/261-11 00, 800/240-94 52, www.visitingmontgomery.com

Hotel

*****Red Bluff Cottage**, 551 Clay St., Montgomery, Tel. 334/264-00 56, 888/551-25 29, www.redbluffcottage.com. Das Bed & Breakfast mit seinen nostalgisch-opulent eingerichteten Zimmern bietet einen schönen Blick von der Veranda auf das Alabama State Capitol.

Restaurant

Bonefish Grill, 7020 E. Chase Pkwy., Montgomery, Tel. 334/396-17 70, www.bonefishgrill.com. Frischer Fisch direkt vom Grill. Wer Steaks oder Pasta bevorzugt, ist in diesem feinen Restaurant auch richtig (nur Dinner, So auch Brunch).

Nach dem Vorbild in Washington wurde das State Capitol in Montgomery gebaut

15 Birmingham

Stadt des Feuers und Eisens, in der weiß-schwarze Geschichte geschrieben wurde.

Alabamas **Metropole** (212 200 Einw., Großraum 1,1 Mio. Einw.) liegt auf Hügeln an den westlichen Ausläufern der Appalachen. Hoffnungsvoll wurde die 1870 gegründete Bergbausiedlung nach der englischen Stahlstadt Birmingham benannt. Tatsächlich stieg sie ab 1871 dank der reichlich vorhandenen Rohstoffe und ihrer verkehrsgünstigen Lage als Bahnknotenpunkt zum bedeutendsten **Stahlstandort** im Süden der USA auf.

Die große Ära der qualmenden Schlote dauerte von den 1870er-Jahren bis Mitte des 20. Jh. Doch die Wirtschaftskrise nach dem Zweiten Weltkrieg traf Birmingham hart: Die unrentablen Stahlwerke wurden stillgelegt, die Arbeitslosenzahlen stiegen, und die Stadt erlebte einen rapiden wirtschaftlichen Niedergang. Dazu trug nicht unerheblich die **Rassentrennung** bei, die Birmingham rigoros praktizierte. In den 1960er-Jahren mündeten diese schwierigen sozialen Verhältnisse in gewalttätige Auseinandersetzungen zwischen Schwarz und Weiß. 1963 erläuterte der inhaftierte Dr. Martin Luther King Jr. mit dem **›Letter from a Birmingham Jail‹**, dem ›Brief aus dem Gefängnis von Birmingham‹, seine Gedanken zu zivilem Ungehorsam und gewaltlosem Widerstand. Wenig später machte die örtliche Polizei Schlagzeilen, als sie beim **Kelly Ingram Park** eine Demonstration schwarzer Schüler mit Wasserwerfern und Polizeihunden auflöste. Nachforschungen blieben spärlich nachdem Bombenattentat auf die **16th Street Baptist Church**, bei der am 15. September 1963 vier schwarze Mädchen getötet wurden. Die Presse prägte daraufhin für die ›Stadt mit der striktesten Rassentrennung der USA‹ den Namen *Bombingham*.

Direkt gegenüber der Kirche beschäftigt sich das **Civil Rights Institute** (520 16th St. N., www.bcri.org, Di–Sa 10–17, So 13–17 Uhr) ausführlich mit der Bürgerrechtsbewegung der Afroamerikaner. Ausgezeichnete Multimediaausstellungen präsentieren das Geschehene, zeigen Porträts prominenter Bürgerrechtler und erläutern politische Strömungen, die bis in unsere Zeit hinein reichen.

In der Nähe erweist die kleine **Alabama Jazz Hall of Fame** (1631 4th Ave. N., www.jazzhall.com, Di–Sa 10–17 Uhr) im historischen Carver Theatre musikalischen Größen Reverenz. Hier kann man die Lebensgeschichten bekannter Jazzmusiker wie Nat King Cole, Erskine Hawkins und vielen anderen nachlesen oder sich Aufnahmen etwa von Dinah Washington anhören. Eine der neueren städtischen Errungenschaften ist das **McWane Science Center** (200 19th Street N., www.mcwane.org, Mo–Fr 9–17, Sa 10–18, So 12–18 Uhr). Das hochmoderne Wis-

Den Kampf um Bürgerrechte für alle dokumentiert Birminghams Civil Rights Institute

Vergangenheit und Gegenwart liegen in Birmingham nah beieinander: Hinter Gebäuden des 19. und frühen 20. Jh. ragen die Hochhäuser der geschäftigen Innenstadt auf

senschaftsmuseum wendet sich mit seinen interaktiven Experimenten nicht nur an junges Publikum. Interessant sind auch Vorführungen zu den Themenschwerpunkten ›Wasser‹ und ›Raumfahrt‹. Mitreißende Filmerlebnisse liefert das IMAX-Kino des Museums.

Der Highway 31 führt zum Red Mountain im Süden Birminghams. Im dortigen **Vulcan Park** (1701 Valley View Dr. Birmingham, Tel. 205/933-14 09, www.visitvulcan.com) kündet die für die Weltausstellung 1904 geschaffene Eisenstatue **Vulcan** von der einstigen Verbundenheit der Stadt mit der Metallindustrie. Vulkan, benannt nach dem römischen Gott des Feuers und Schutzpatron der Schmiede, steht auf einem 38 m hohen Sockel und reckt seinen Arm 18 m in die Höhe. Von der **Aussichtsetage** (tgl. 10–22 Uhr) hat man einen herrlichen Blick über die Stadt, deren industrieller Vergangenheit sich das **Vulcan Center** (tgl. 10–18 Uhr) widmet.

Praktische Hinweise

Information

Greater Birmingham Convention & Visitors Bureau, 2200 9th Ave. N., Birmingham, Tel. 205/458-80 00, 800/458-80 85, www.birminghamal.org

Hotel

*****Hampton Inn Birmingham-Downtown**, 2021 Park Pl. N., Birmingham, Tel. 205/322-21 00, 800/426-78 66, www.hamptoninn.com. Komfortable Zimmer im zentral gelegenen ehem. Grandhotel Tutwiler von 1913.

Restaurant

TOP TIPP **Highlands Bar & Grill**, 2011 11th Ave. S., Birmingham, Tel. 205/939-14 00, www.highlandsbarandgrill.com. Eines der besten Restaurants Alabamas. Die im Prinzip regionale Küche mit viel gegrilltem Fleisch verrät mediterrane und französische Einflüsse. Legeres, aber elegantes Ambiente. In der gemütlichen Bar neben dem großen Speisesaal werden fabelhafte Drinks gemixt (nur Dinner, Di–Sa).

16 Huntsville

Von Alabama ins All: Zentrum der US-Weltraumforschung und Raketenschmiede.

1805 kam der erste weiße Siedler und Namensgeber der Stadt, John Hunt, in die einst von Creek und Chickasaw bewohnte Region. Als Alabama 1819 den Vereinigten Staaten beitrat, traf sich in dem jungen Agrarstädtchen die verfassungsgebende Versammlung, und vorübergehend wurde Huntsville das politische Zentrum Alabamas. Doch der Durchbruch zu wirklicher Bedeutung erfolgte erst 1950, als die US-Armee ihr Raketenforschungsteam unter Wernher von Braun nach Huntsville verlegte. Damit vollzog das kleine Städtchen einen Quantensprung in die Moderne. Heute sorgt das wichtige **Forschungszentrum der US-Raumfahrtwissenschaft** für eines der höchsten Pro-Kopf-Einkommen des amerikanischen Südens.

Die Hauptattraktion von Huntsville (188 200 Einw.) ist das großartige TOP TIPP **U.S. Space & Rocket Center** (www.rocketcenter.com, tgl. 9–17 Uhr) im Südwesten der Stadt (I-565, Ausfahrt 15). Das Museum stellt einen Abriss der amerikanischen Raumfahrtentwicklung von deren Anfängen bis zu Zukunftsprojektionen vor. Auf dem Freigelände befinden sich beispielsweise ein Prototyp der Marssonde *Pathfinder*, eine 200 t schwere Rekonstruktion des *Space Shuttle*, die 110 m lange Mondrakete *Saturn V* und *Blackbird*, ein mit mehr als dreifacher Überschallgeschwindigkeit fliegendes Aufklärungsflugzeug. Besucher haben Zugang zu interaktiven Spielen und Lernprogrammen, können etwa im Programm *Space Shot* Raketenstarts, bei *Mars Mission* Reisen zum Mars und mit *Land the Shuttle* Landungen simulieren. Sie erfahren im *Outpost in Space* Interessantes über den Aufenthalt in einer internationalen Raumstation im All, berühren Meteoriten- und Mondgestein oder sehen im *Spacedome IMAX Theatre* aus Astronautenperspektive gedrehte Filme auf einer Riesenleinwand.

Zur Zeitreise in die Epoche der ersten Siedler, die weit entfernt von Gedanken an die Eroberung des Weltraums ihr Tagwerk verrichteten, lädt das **Alabama Constitution Village** (www.earlyworks.com, Mo–Sa 9–16 Uhr) im *Early Works Museum Complex* am Courthouse Square im Stadtzentrum ein. In den authentisch rekonstruierten Gebäuden des Freilichtmuseums leben und arbeiten historisch

gekleidete ›Bewohner‹ und demonstrieren alte Handwerkstechniken.

Daneben bietet der nostalgische **Harrison Brothers Hardware Store** (124 South Side Square, www.harrisonbrothershardware.com, Mo–Fr 9–17, Sa 10–16 Uhr) ein Einkaufsvergnügen der besonderen Art. In dem originalen Laden von 1879 warten

In Huntsville werden Weltraumfahrten und ferne Galaxien greifbar

auf knarrenden Dielenbrettern handgearbeitete Schaukelstühle, gedrechselte Buchstützen sowie altmodische Haushaltsgeräte auf Käufer. Und von der Kasse bis zum Aufzug funktioniert alles wie anno dazumal.

i Praktische Hinweise

Information

Huntsville Convention & Visitors Bureau, 500 Church St. N.W., Huntsville, Tel. 256/551-22 30, 800/843-04 68, www.huntsville.org

Hotel

*****Embassy Suites Huntsville Hotel & Spa**, 800 Monroe St. Huntsville, Tel. 256/539-73 73, www.hiltonhotels.de Beliebtes Innenstadthotel in günstiger Lage nahe Kunstmuseum und Big Spring Park mit vielen Geschäften und Restaurants in Laufweite.

Restaurant

Betty Mae's Restaurant, 1222 Grace St. NW, Huntsville, Tel. 256/533-21 88, www.bettymaessoulfood.com. Das Lokal serviert ›Soul Food‹ wie Country Fried Steak, Süßkartoffeln, Okra und Black Eyed Peas, bodenständige Südstaatenküche. Lunch und Dinner, Sa geschl.

Deutscher Mentor der amerikanischen Raketenforschung

Als technischer Direktor des Raketenwaffenprojektes in Peenemünde leitete **Wernher Freiherr von Braun** (1912–1977) während des Zweiten Weltkrieges die Entwicklung der V2-Rakete für die Deutschen. Trotzdem – bzw. deshalb – wurden er und mehr als 100 seiner Kollegen nach Kriegsende in den USA mit offenen Armen aufgenommen. Bereits 1950 war von Braun Leiter der Raketenentwicklung der US-Armee und stand 1960–70 als erster Direktor dem George C. Marshall Space Flight Center der NASA vor. Unter seiner Leitung entstanden die Saturn-V-Raketen, mit denen die USA 1969 das Mondlandeprojekt **Apollo 11** erfolgreich durchführten.

Science-Fiction-Träume: Wernher von Braun mit einem Raketenmodell für eine Filmproduktion von Walt Disney

Westliches Georgia – Pfirsichplantagen und Waldland

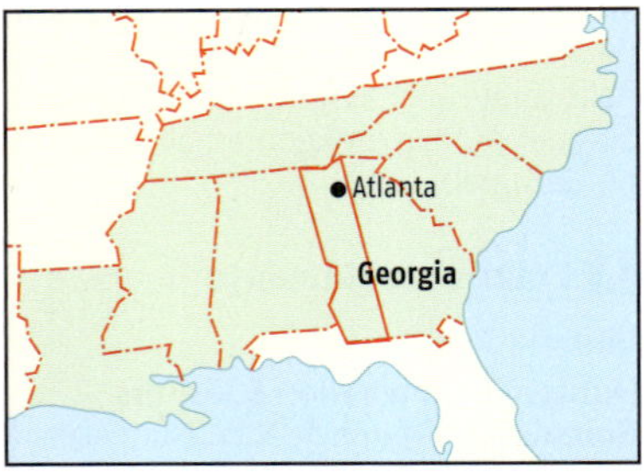

Weitgehend hügelig und waldig ist die Gegend um Atlanta, die Hauptstadt von Georgia, die in 320 m Höhe auf dem **Piedmont Plateau** im Nordwesten des Bundesstaates liegt. Südlich davon verläuft die *Fall-Linie* am Übergang zwischen dem Piedmont und den Küstenebenen. Hier liegen die Städte **Columbus**, einstige Industriehochburg am Ufer des Chattahoochee River, und **Macon** am Ocmulgee River, das für bodenständigen Rock'n'Roll und Blues bekannt ist.

Mit dem Phoenix aus der Asche wird **Atlanta** oft verglichen. Im Sezessionskrieg bis auf die Grundmauern zerstört, erlebte die Metropole im späten 20. Jh. einen kometenhaften Aufstieg zum ökonomischen Zentrum des **Neuen Südens**. Global operierende Unternehmen errichteten ihre Firmensitze im Umkreis der Stadt, von der aus z. B. Coca-Cola sein weltumspannendes Limonadenimperium regiert. Auch als Herz der **Bürgerrechtsbewegung** um Dr. Martin Luther King Jr. Mitte des 20. Jh. und als Austragungsort der **Olympischen Sommerspiele 1996** zog Georgias Hauptstadt das Interesse der Weltöffentlichkeit auf sich.

17 Atlanta

Big Business hinter Granitmonolithen.

Dass Georgia auch **Pfirsichstaat** genannt wird, ist in seiner Kapitale (456 000 Einw., Großraum 5,5 Mio. Einw.) nicht zu übersehen: Nicht nur die Hauptstraße heißt *Peachtree Street*, zur Verwirrung von Ortsunkundigen tragen insgesamt 55 Straßen, Wege und Plätze den Namenszusatz ›Peachtree‹.

Geschichte 1837 erreichte die Western & Atlantic Railroad ein bereits 1813 am östlichen Ufer des Chattahoochee River angelegtes Militärlager. Um den vorläufigen Endpunkt des Schienenstranges entstand der kleine Ort Terminus, der 1845 in Atlanta umbenannt wurde. Als wichtige **Eisenbahnstation** und Versorgungszentrum der Konföderierten wurde die Stadt im Sezessionskrieg nach Belagerung und Kapitulation von Unionstruppen unter General William T. Sherman 1864 fast vollständig niedergebrannt. Doch Atlanta erholte sich überraschend schnell von den Kriegsschäden und wurde 1868 **Hauptstadt** von Georgia. Die ersten grö-

ßeren Wirtschaftsunternehmen siedelten sich an: 1892 etwa wurde die *Coca-Cola Company* gegründet, die ein süßes Getränk vermarktete, das der hiesige Apotheker John Stith Pemberton 1886 erfunden hatte. 1930 nahm *Delta Airlines* den Betrieb auf, die heute, gemessen an der Anzahl der Flugzeuge, die größte Fluggesellschaft der Welt ist. In der Folge entwickelte sich der *Hartsfield-Jackson Atlanta International Airport* 16 km südlich der Stadt zum größten Flughafen der Welt, den jährlich 96 Mio. Passagiere nutzen.

Die Rassenunruhen der 1950er-Jahre trafen die relativ liberale Stadt in geringerem Ausmaß als die anderen Regionen des Südens. Als führender Wirtschaftsstandort hatte und hat Atlanta eine solide Mittelschicht aus Menschen aller Hautfarben. Pragmatische Geschäftsleute erkannten, dass man *Big business* besser mit Schwarzen macht, als gegen sie zu arbeiten. **Dr. Martin Luther King Jr.** trug mit Reden und gewaltlosen Aktionen ebenfalls dazu bei, dass in seiner Heimatstadt verhältnismäßig früh die Integration farbiger Bürger verwirklicht wurde. **Maynard Jackson**, ein Repräsentant des gutsituierten Mittelstandes, wurde 1973 als erster Schwarzer zum Bürgermeister einer Südstaatengroßstadt gewählt. Ihm folgte **Andrew Young**, 1977 der erste schwarze US-Botschafter bei den Vereinten Nationen, der Atlantas Bürgermeisteramt bis 1989 bekleidete.

1975 machte die Eröffnung der Fernsehstation **Turner Broadcasting System** (TBS) des Medienmoguls Ted Turner die Stadt zum Fernsehzentrum des Südens. Fünf Jahre später erschien Turners **Cable News Network** (CNN) als weltgrößter Nachrichtensender erstmals auf den Bildschirmen. Klagen wegen des übermächtigen Kommerzes rund um die **Olympischen Sommerspiele 1996** traten in den Hintergrund, als sich während der Spiele am 27. August ein Bombenattentat im *Centennial Olympic Park* ereignete, das zwei Tote und rund 100 Verletzte forderte. Heute ist Atlanta mehr denn je eine pulsierende Metropole, die als bedeutender Verkehrsknotenpunkt auch wichtiger Wirtschaftsstandort ist.

Farbenspiel: In der Dämmerung präsentiert sich die Skyline von Atlanta stimmungsvoll

Downtown

Aus der beeindruckenden **Skyline** von Downtown Atlanta ragt mit 317 m der Wolkenkratzer der *Bank of America Plaza* empor, der höchste Wolkenkratzer im Südosten der USA. Nordwestlich der Innenstadt erstreckt sich der **Centennial Olympic Park** 1, der mit Skulpturen, Wasserspielen und dem Brunnen *Fountain of Rings* attraktiv gestaltet ist. An seiner Nordseite eröffnete 2005 das fantastische **Georgia Aquarium** 2 (225 Baker St. NW., www.georgiaaquarium.org, im Sommer Mo–Fr 10–20, Sa/So 9–20 Uhr), dessen Stars Belugawale und Walhaie sind. Hinter großflächigen Scheiben tummeln sich über 500 Spezies, rund 100 000 Tiere.

Nebenan lockt die ultramoderne **World of Coca-Cola** 3 (121 Baker St. NW., www.worldofcoca-cola.com, Mo–Fr 10–17, Sa/So 9–19 Uhr). In dem schwungvollen, lichten Bau stellen Videoclips sowie Hunderte von Kunst- und Gebrauchsobjekten das amerikanischste aller Getränke mit seiner Geschichte im Wandel der Zeit vor.

Zwischen Aquarium und World of Coca-Cola eröffnete 2007 das **Center for Civil and Human Rights** 4 (100 Ivan Allen Jr. Blvd., www.civilandhumanrights.org, Di–Sa 10–17, So 12–17 Uhr), das mit interessanten Ausstellungen über die amerikanische Bürgerrechtsbewegung und die internationalen Menschenrechte seine Besucher in den Bann zieht.

TOP TIPP

Einen genussvollen Überblick über Downtown Atlanta bietet das Riesenrad **SkyView Atlanta** 5 (168 Luckie St., www.skyviewatlanta.com, So–Do 12–23, Fr 12–24, Sa 10–24 Uhr) an der Südostecke des Parks.

Im Süden des Parkareals verdient das **CNN Center** 6 einen Besuch, das Sendezentrum von TBS und CNN. Bei der 55-minütigen *CNN Studio Tour* (www.cnn.com/studiotour, tgl. 9–17 Uhr, alle 10 Min., telefonische Reservierung empfohlen, bis spätestens 72 Std. im Voraus) blickt man u.a. von einer Empore in die Studios, aus denen im selben Moment Nachrichten oder Interviews gesendet werden.

Überquert man die Peachtree Street, die wolkenkratzergesäumte Schlagader des Bankenviertels, erreicht man im Osten das vier Blocks umfassende **Underground Atlanta** 7 (www.underground-atlanta.com), ein unter- und oberirdischer Einkaufs- und Entertainmentkomplex – teils mit Fassaden aus dem 19. Jh. Hier endeten einst die Bahngleise, ringsum standen die Häuser des ersten Ortes Terminus. Daran erinnert der Bahnhof *Georgia Railroad Freight Depot* von 1867, Atlantas ältestes Gebäude. In das lange Zeit vernachlässigte Viertel zogen seit Ende der 1980er-Jahre zahlreiche Restaurants und Geschäfte. Dank mehrerer Kneipen und Diskos ist das Gässchen *Kenny's Alley* populär.

Weiter südlich beginnt das Regierungsviertel. 78 m hoch strebt das 1889 erbaute, dem Washingtoner Vorbild nachempfundene **Georgia State Capitol** 8 (www.libs.uga.edu/capitolmuseum, Mo–Fr 8–17 Uhr) empor. Auf der seit 1958 mit Blattgold verzierten Kuppel reckt eine Freiheitsstatue ihre Fackel empor. Im Inneren ehrt die *Hall of Fame* Persönlichkeiten aus Georgia, das kleine *Capitol Museum* beschäftigt sich mit der Natur- und Kulturgeschichte des Staates.

Eintauchen in die fantastische Unterwasserwelt des Georgia Aquarium von Atlanta

Renzo Piano schuf die Architektur, die Künstler Tony Smith und Alfred Jensen setzen die farbigen Akzente im Wieland Pavilion des High Museum of Art in Atlanta

Midtown und Buckhead

Nördlich vom Stadtzentrum, im heutigen **Margaret Mitchell House & Museum** 9 (979 Crescent Avenue NE, www.atlantahistorycenter.com/mmh, Mo–Sa 10–17.30, So 12–17.30 Uhr) lebte 1925–32 die Schriftstellerin Margaret Mitchell (1900–1949). Hier schrieb sie ihr einziges Buch, das 1936 erschienene Südstaatenepos ›Vom Winde verweht‹. Das *Visitor Center* stellt historische Hintergründe sowie Leben und Werk der Autorin vor, der Atlanta sein romantisiertes Südstaatenimage verdankt.

Weiter östlich trifft man auf den weitläufigen Piedmont Park mit dem abwechslungsreichen **Atlanta Botanical Garden** 10 (1345 Piedmont Ave., www.atlantabotanicalgarden.org, April–Okt. Di–So 9–17, 18–22, Nov.–März 9–17 Uhr).

Wie eine strahlend weiße Burg wirkt das weiter stadtauswärts liegende TOP TIPP **High Museum of Art** 11 (1280 Peachtree St. NE, www.high.org, Di–Do, Sa 10–17, Fr 10–21, So 12–17 Uhr), eines der größten und besten Kunstmuseen des Südens. 2005 wurde der ursprünglich nach Plänen von Richard Meier 1980–83 errichtete Bau um drei von Renzo Piano entworfene Gebäude erweitert und so ein architektonisch spannender Komplex geschaffen. In den lichtdurchfluteten Räumlichkeiten sind europäische Gemälde und Skulpturen von der Renaissance bis in die Gegenwart mit Künstlern wie Dürer und Tiepolo, Toulouse-Lautrec, Monet und Pissarro bis hin zu Gerhard Richter zu bewundern. Das amerikanische Kunstschaffen des 19. und 20. Jh. ist vertreten mit Werken u.a. von John Singer Sargent und Georgia O'Keeffe, Tony Smith und Alfred Jensen.

Westlich von Midtown erstreckt sich das moderne Einkaufs- und Vergnügungsviertel **Atlantic Station** 12 (17th St., www.atlanticstation.com), das als eigener Stadtteil seit 2005 völlig neu entstanden ist. Geschäfte und Kaufhäuser, Restaurants und Kneipen, Bühnen für Veranstaltungen und Konzerte gruppieren sich zwischen Grünflächen mit Spazierwegen und Wohnanlagen – hier steht alles unter dem Motto moderner Freizeitgestaltung.

Im Nobelvorort *Buckhead* am nördlichen Stadtrand kann man angesichts der von alten Eichen beschatteten Nebenstraßen schnell die Millionenmetropole Atlanta vergessen. Die Habersham Road, die zur **Governor's Mansion** 13 (391 West Paces Ferry Rd., http://mansion.georgia.gov, Di–Do 10–11.30 Uhr) führt, ist besonders schön. Der Amtssitz des Gouverneurs wurde 1968 im historisierenden Greek Revival Style erbaut. Stattliche weiße Säulen rahmen die Veranda.

Gleich in der Nähe befindet sich das moderne **Atlanta History Center** 14 (130 West Paces Ferry Rd., www.atlantahistorycenter.com, Mo–Sa 10–17.30, So 12–17.30 Uhr). Es präsentiert die Stadtgeschichte mit den spannenden Schwerpunkten Sezessionskrieg und Bürgerrechtsbewegung. Außerdem laden in den großzügigen Außenanlagen das *Tullie Smith House*, ein 1845 erbautes, typisches Plantagenhaus mit Wirtschaftsgebäuden, sowie das herrschaftliche *Swan House* (Mo–Sa 11–16, So 13–16 Uhr) von 1928 zur Besichtigung ein.

Sweet Auburn

Eine völlig andere geschichtliche Entwicklung als Buckhead nahm das unmittelbar östlich von Downtown gelegene Viertel um die **Auburn Avenue**. Sweet Auburn, im 20. Jh. ein attraktiver Stadtteil für wohlhabende Afroamerikaner, ist heute Ausgangspunkt für Touren durch den Museumskomplex um Martin Luther King Jr. Zu erreichen ist der Stadtteil u.a. mit der modernen Straßenbahn der **MARTA** (http://streetcar.atlantaga.gov). Am 15. Januar 1929 wurde in 501 Auburn Avenue der spätere Bürgerrechtler Martin Luther King Jr. († 4. April 1968) als erster Sohn einer Pastorenfamilie geboren. Der gewaltlose Kämpfer für die Gleichberechtigung der Schwarzen in den USA wurde 1964 mit dem Friedensnobelpreis ausgezeichnet. Sein im Zustand der 1950er-Jahre restauriertes Elternhaus ist heute als **Martin Luther King Jr. Birthplace** 15 (501 Auburn Ave., tgl. 10–16 Uhr) zu besichtigen.

Es gehört wie ein Teil der westlichen Auburn Avenue zur **Martin Luther King Jr. National Historic Site** (www.nps.gov/malu). Im Haus Nr. 450 stellt das hochmoderne **Visitor Center** 16 (tgl. 9–17 Uhr) in hervorragenden Ausstellungen die Geschichte des Viertels und der Bürgerrechtsbewegung dar. Zu dem historischen Komplex zählt auch die **Ebenezer Baptist Church** 17 (Nr. 407), in der King Jr. wie zuvor schon sein Vater und sein Großvater als Prediger wirkte. Nicht ohne Grund spielten Kirchen in der Bürgerrechtsbewegung eine herausragende Rolle. Pastoren waren gut ausgebildet und als Angestellte ihrer Gemeinden von weißen Arbeitgebern finanziell unabhängig. Ohne Zeitungen oder Rundfunk waren Gottesdienste die einzige Gelegenheit, ein breites Publikum anzusprechen.

Neben der Ebenezer Baptist Church liegt die 1977 errichtete **Martin Luther King Jr. Gravesite** 18, wo der 1968 ermordete leidenschaftliche Menschenrechtskämpfer beigesetzt wurde. Viele Besucher erweisen ihm täglich die Ehre. Den schlichten, über einem Wasserbecken erhöht aufgebahrten weißen Steinsarkophag umgibt eine erhabene Atmosphäre. Auch seine Witwe, die am 31. Januar 2006 verstorbene Coretta Scott King (*1927) fand hier ihre letzte Ruhestätte.

Noch etwas weiter westlich zeigt im Haus Nr. 449 das engagierte Studienarchiv **Martin Luther King Jr. Center for Nonviolent Social Change** 19 (www.thekingcenter.org, Ende Mai–Anfang Sept. tgl. 9–18, sonst bis 17 Uhr) kleine Ausstellungen zur historischen und aktuellen Situation der Afroamerikaner.

Publikumsmagnete im Osten

Nur wenige Kilometer nordöstlich von Downtown, wo sich Virginia Avenue und North Highland Avenue kreuzen, lockt das Trendviertel **Virginia Highland** 20 (www.virginiahighland.com) mit gemütlichen Straßencafés, Kneipen und Second-Hand-Buchläden. Bis in die frühen Morgenstunden herrscht in den Bars und Diskotheken lebhaftes Treiben. Südöstlich davon am Freedom Parkway steht das **Jimmy Carter Library & Museum** 21 (www.jimmycarterlibrary.gov, Mo–Sa 9–16.45, So 12–16.45 Uhr). Der 1924 in Plains, Georgia, geborene James Earl ›Jimmy‹ Carter, wurde 1976 zum 39. Präsidenten der USA gewählt. Nach seiner vierjährigen Amtszeit machte sich der Demokrat einen guten

TOP TIPP

Wandgemälde mit Martin Luther King Jr. an der National Historic Site in Atlanta

Namen als Vermittler bei internationalen Friedensmissionen, 2002 erhielt er für seine Bemühungen um Frieden und die Einhaltung der Menschenrechte den Friedensnobelpreis. Eine umfassende Ausstellung würdigt Carters Karriere im zeitgeschichtlichen Zusammenhang.

An der Clifton Road noch weiter im Osten der Stadt eröffnete 1992 das große naturgeschichtliche **Fernbank Museum of Natural History** 22 (www.fernbank museum.org, Mo–Sa 10–17, So 12–17 Uhr). Es vermittelt im sorgfältig konzipierten ›Walk through time in Georgia‹ – einer Art Zeitreise – am Beispiel des Pfirsichstaates den Ablauf der Erdgeschichte. Das IMAX-Kino zeigt beeindruckende 3-D-Naturfilme auf Riesenleinwand.

TOP TIPP Georgia's Stone Mountain Park 23

Mittelpunkt der rund 13 km² umfassenden Parkanlage (www.stonemountain park.com) 25 km östlich von Atlanta ist der größte frei stehende **Granitmonolith** der Welt, 252 m hoch und mit einer Fläche von 237 ha. Von dem kahlen Felsrücken aus bietet sich ein grandioses Panorama. Hinauf führt ein sehr schöner, 2 km langer Wanderweg oder alternativ eine *Seilbahn* (Summit Skyride, im Sommer tgl. 10–20 Uhr, sonst eingeschränkte Betriebszeiten). In die steile Nordseite des Monolithen ist das 27 m hohe und 58 m breite **Confederate Memorial Carving** des Konföderiertenpräsidenten Jefferson Davis und seiner Generäle Robert E. Lee und ›Stonewall‹ Jackson hoch zu Ross eingemeißelt. Zu seinen Füßen erläutert das **Stone Mountain Museum at Memorial Hall** (So–Fr 10–18, Sa bis 20 Uhr) die langwierige Entstehungsgeschichte der weltgrößten Skulptur. Erste Pläne entwarf 1915 Gutzon Borglum, Bildhauer und späterer Schöpfer der Präsidentenporträts in Mount Rushmore, South Dakota, der 1923 mit der Arbeit begann. Walker K. Hancock und Roy Faulkner vollendeten das Werk schließlich 1970 nach 36-jähriger Baupause. Das moderne **Confederate Hall Historical and Environmental Education Center**, Mo–Fr 9–17, Sa 10–17, So 12–17 Uhr) ist ein Informationszentrum zur Geologie und Ökologie des Berges und findet sich am Fuße des Gipfelweges.

Von *Memorial Plaza* und dem Rasen zwischen Berg und Museum lässt sich abends die prachtvolle **Lasershow** (Juni–Aug. tgl., April, Mai, Sept., Okt. nur Fr/Sa, Beginn eine Stunde nach Anbruch der Dunkelheit) um das Relief am besten beobachten. Fahrten mit den Amphibienfahrzeugen von **Ride the Ducks** oder mit der **Stone Mountain Scenic Railroad** (Ende Mai–Anf. Sept. So–Fr 10–18, Sa bis 20 Uhr) gehören zu den weiteren populären Freizeitangeboten rund um den Berg.

Ausflug

Die **New Echota State Historic Site** (www.gastateparks.org/newechota, Mi–Sa 9–17 Uhr) in Calhoun, 110 km nordwestlich von Atlanta, ist ein Freilichtmuseum mit rekonstruierten Holzhäusern und Blockhütten. 1825–38 diente der heute nur 50 Einwohner zählende Ort den **Cherokee** als Hauptstadt. Mittelpunkt war das 1822 erbaute *Council House*, in dem sich Abgeordnete der Cherokee gemäß ihrer Verfassung jährlich im Oktober zu Parlamentssitzungen versammelten. Nebenan wurde in dem kleinen *Print Office* die Zeitung ›*Cherokee Phoenix*‹ herausgegeben [s. S. 93]. Zu New Echotas original erhaltenen Gebäuden aus dem frühen 19. Jh. gehören auch **Vann Tavern** (1805), die als Restaurant, Hotel und Geschäft diente, sowie **Worchester House**, der 1828 erbauter Wohnsitz des Pastors Samuel A. Worchester.

i Praktische Hinweise

Information

Atlanta Convention & Visitors Bureau, 233 Peachtree St. NE, Atlanta, Tel. 404/521-66 00, 800/285-26 82, www.atlanta.net

Atlanta Convention, 65 Alabama St. SW, Atlanta, Tel. 404/521-66 00, www.atlanta.net

Atlanta City Pass

Das neun Tage gültige Gutschein-Heft (Erwachsene $ 76,75, Kinder zwischen 3 und 12 Jahren $ 62,50) für den kostenlosen Eintritt zu sechs Hauptattraktionen Atlantas ist online unter www.atlanta.net/deals/citypass sowie bei den teilnehmenden Sehenswürdigkeiten erhältlich.

Öffentliche Verkehrsmittel

MARTA (Metropolitan Atlanta Rapid Transit Authority), Tel. 404/848-50 00, www.itsmarta.com. Atlanta besitzt ein großes S- und U-Bahn-Netz mit vier Linien, die durch Buslinien ergänzt werden.

Freizeitpark

Six Flags Over Georgia, I-20, Ausfahrt 13 A, 20 km westlich von Atlanta,

Ja, wo reiten sie denn? Das ist für Besucher des Georgia's Stone Mountain Park kaum eine Frage, haben sie Jefferson Davis und Begleiter doch stets – in Stein gemeißelt – vor Augen

275 Riverside Parkway, Tel. 770/739-34 00, www.sixflags.com/overgeorgia, Juni–Aug. tgl. 10 Uhr bis zur Dämmerung, ab Mitte März bzw. bis Ende Okt. nur Fr–So). Georgias größter Vergnügungspark bietet Achterbahnen mit dreifachen Loopings, Wildwasserfahrten, Broadway Shows und viele andere Attraktionen.

Hotels

*****Aloft Hotel Atlanta Downtown**, 300 Spring St. NW, Atlanta, Tel. 678/515-03 00, 866/716-81 4, www.aloftatlantadowntown.com. Hippes Downtown-Hotel mit einem guten Preisleistungsverhältnis. 258 Zimmer.

*****Drury Inn&Suites Atlanta Airport**, 1270 Virginia Ave., Atlanta, Tel. 404/761-49 00, 800/625-1975, www.druryhotels.com. Modernes Motel in Flughafennähe mit 151 Zimmern und Pool.

*****Marriott Stone Mountain Inn**, Georgia's Stone Mountain Park, Atlanta, Tel. 770/469-33 11, 888/236-24 27, www.marriott.com. Hotel im Antebellumstil mit Blick auf Stone Mountain Relief.

*****The Westin Peachtree Plaza**, 210 Peachtree St. NW, Atlanta, Tel. 404/659-14 00, 866/716-81 08, www.westinpeachtreeplazaatlanta.com. 1976 erbautes, mit 220 m höchstes Hotel der USA. Im 73. Stockwerk befindet sich das Drehrestaurant *Sun Dial*, von dem aus man einen hervorragenden Blick über Downtown Atlanta genießt.

Gegrillte grüne Tomaten und gebratener Wels: Das beliebte Restaurant Mary Mac's Tearoom gilt bei Alt und Jung als Institution der Südstaatenküche

*****Towne Place Suites Atlanta Buckhead**, 820 Sidney Marcus Blvd., Atlanta, Tel. 404/949-48 20, www.marriott.com. 75 Suiten, verkehrsgünstig in Buckhead gelegen. Kleine Küche für Selbstversorger und Kontinentalfrühstück in der Lobby.

*****Virginia Highland Bed & Breakfast**, 630 Orme Circle NE, Atlanta, Tel. 404/892-27 35, www.virginiahighlandbb.com. Gemütlicher Bungalow mit einem Apartment, drei Zimmern und üppigem Garten im gleichnamigen Trendviertel.

Restaurants

George's Bar & Restaurant, 1041 N. Highland Ave. NE, Atlanta, Tel. 404/892-36 48, www.georgesbarandrestaurant.com. Populäres, aber bodenständiges Burgerrestaurant mit Bar im Herzen von Virginia Highland.

JCT Kitchen, 1198 Howell Mill Rd., Atlanta, Tel. 404/355-22 52, www.jctkitchen.com. Trendiges Lokal mit Bar in Atlantas Westside Market. Moderne, leichte Südstaatenküche mit Salaten, Fisch und Steaks.

Mary Mac's Tearoom, 244 Ponce de Leon Ave., Atlanta, Tel. 404/876-18 00, www.marymacs.com. Das persönlich geführte Restaurant ist seit 1945 eine Institution der Südstaatenküche. Auf der Speisekarte stehen Fried Green Tomatoes, Fried Okra, Catfish

The Varsity, 61 North Ave. NW, Atlanta, Tel. 404/881-17 06, www.thevarsity.com. Seit 1928 bietet das größte Dive-in-Fast-Food-Restaurant der Welt Chili Hot Dogs, Hähnchen, Hamburger und andere Grillgerichte.

18 Columbus

Altes Hafenviertel in neuem Glanz.

Die zweitgrößte Stadt Georgias (200 900 Einw.) wurde 1828 am *Chattahoochee River*, dem lehmgefärbten Grenzfluss zu Alabama, gegründet. Hier fällt das Land steil vom *Piedmont Plateau* zur Küstenebene des Golfs hin ab, und Wasserfälle lieferten genügend Energie für die **Eisen verarbeitende Industrie**. Während der letzten Tage des Sezessionskrieges griffen Unionstruppen deshalb Columbus als strategisch wichtiges Ziel an. Die damals stark zerstörte Stadt konzentrierte sich nach Friedensschluss und Wiederaufbau auf Binnenschifffahrt und Baumwollhandel.

Noch heute verleihen das Altstadtviertel mit seinen einstigen Lagerhäusern am Fluss und der am markanten Riverwalk Pavilion liegende Schaufelraddampfer *Chattahoochee Princess* der Uferpromenade **Columbus Riverwalk** eine Atmosphäre wie aus dem 19. Jh. Östlich des Stadtzentrums zeigt das **Columbus Museum** (1251 Wynnton Rd., www.columbusmuseum.com, Di/Mi 10–17, Do 10–20, Fr/Sa 10–17, So 13–17 Uhr) amerikanische Kunst des 19. und 20. Jh., darunter John Henry Twachtmans Landschaftsgemälde *Horseneck Falls* (1900) und Ida Kohlmeyers 1996 entstandene Skulptur *Composition*.

Weiter südlich sieht man die ab 1960 aus dem Fluss geborgenen Wrackteile der 1865 versenkten **CSS Jackson**. Eine Rekonstruktion des 68 m langen Kriegsschiffs mit seinem eisenverkleideten, hölzernen Rumpf und das Kanonenboot *CSS Chattahoochee* werden im **National Civil War Naval Museum** (1002 Victory Dr., www.portcolumbus.org, Di–Sa 10–16.30, So–Mo 12.30–16.30 Uhr) präsentiert.

Ausflug

TOP TIPP Die prachtvolle **Providence Canyon Outdoor Recreation Area** (www.gastateparks.org, im Sommer tgl. 7–21 Uhr, Winter bis 18 Uhr) bei Lumpkin 65 km südlich von Columbus erreicht man über die SR 39 C. Sein Entstehen ›verdankt‹ der *Grand Canyon of Georgia* den ersten weißen Siedlern, die ungeachtet des weichen und erosionsgefährdeten Bodens ab 1820 den Wald in der flachen Region abholzten: Schon Mitte des 19. Jh. hatten Regen und Wind die Erdkrume bis zu 2 m tief ausgespült. Heute sind einige dieser insgesamt 16 Furchen bis zu 50 m tief. Die bizarren Formen der stehen gebliebenen Zwischenstücke in pastellfarbenem Rot, Orange und Braun lassen sich von der oberhalb verlaufenden Straße aus bestens sehen. Ein schöner 4,5 km langer **Fußweg** führt hinab, auf der anderen Seite hinauf und um den Canyonrand herum zurück zum Ausgangspunkt.

Praktische Hinweise

Information

Columbus Visitor Center, 900 Front Ave., Riverwalk, Columbus, Tel. 800/999-1613, www.visitcolumbusga.com

Freizeitpark

Callaway Gardens, 17800 Hwy. 27, Pine Mountain, 35 km nördlich von Columbus, Tel. 800/852-3810, www.callawaygardens.com, März–Aug. tgl. 9–18, Sept.–Febr. bis 17 Uhr. Empfehlenswert: Golfplatz und Schmetterlingshaus. Daneben lädt der 57 km² großer Park mit dem Robin Lake zum Baden, Segeln und Angeln sowie zum Tennisspielen oder Radfahren ein. Eine Fundgrube für regionale Handwerkskunst ist der *Country Store*.

Hotels

*****Callaway Gardens Resort**, Callaway Gardens, Pine Mountain, Tel. 800/852-3810, www.callawaygardens.com. Attraktive Anlage mit Hotel, Ferienwohnungen und -häusern direkt im Freizeitpark.

Je nach Sonneneinstrahlung zeigen die Wände des Providence Canyon State Park allerlei Farbschattierungen von hellem Rot und warmem Orange bis zu bleichem Weiß

Die dichten Ranken sehen zwar hübsch aus, sind aber auch eine Plage

Kudzu, der ›grüne Würger‹

Allenthalben sieht man im Süden jene dichte grüne Pflanzendecke, die Strommasten, Scheunen und Straßenschilder verhüllt und sogar ganze Berghänge überdeckt. Es handelt sich um Kudzu (Pueraria lobata), eine **Schlingpflanze** aus der Familie der Erbsen. Sie gelangte anlässlich einer internationalen Ausstellung in Philadelphia im späten 19. Jh. aus Japan in die USA. Bald rankte das hübsche, schattenspendende Gewächs an zahlreichen Veranden. Auch das **US-Landwirtschaftsministerium** fand in den 1930er-Jahren Gefallen an der schnellwachsenden vermeintlichen Nutzpflanze und schätzte sie als energiereiches Viehfutter oder als Möglichkeit zur Einschränkung fortschreitender Bodenerosion, etwa im Providence Canyon. Aber schon nach wenigen Jahren verkehrte sich die anfängliche Begeisterung in Schrecken, denn es stellte sich heraus, dass der ›grüne Würger‹ alles überwucherte. Unter idealen Wachstumsbedingungen im feuchtheißen **Südstaatenklima** gedeihen seine bis zu 18 m langen Ranken unkontrollierbar und unaufhaltsam mit einem Längenzuwachs von 30 cm pro Tag.

***__Marriott Columbus__, 800 Front Ave., Columbus, Tel. 706/324-18 00, 800/455-92 61, www.marriott.com. Das elegante Hotel am Riverwalk wurde um die *Empire Woodruff Mill* herum erbaut, eine 100 Jahre alte Getreidemühle. Mit Restaurant ›Houlihan's‹.

Restaurant

Dinglewood Pharmacy, 1939 Wynnton Rd., Columbus, Tel. 706/322-0616. Das kleine Imbissrestaurant ist das älteste Lokal der Stadt und bereits seit 1918 in diesem Einkaufsmarkt etabliert. Mit originaler Soda Fountain, aus der Cola und andere Getränke sprudeln (So geschl.).

19 Macon

Augen- und Ohrenschmaus dank klassischer Architektur und moderne[r] Musik.

Macon (90 000 Einw.) im landwirtschaft[-]lich geprägten Herzen Georgias wurd[e] 1823 um Fort Hawkins am **Ocmulgee River** am Rand des *Piedmont Plateaus* gegründet. Als Eisenbahnknotenpunkt un[d] Baumwollhafen blühte die Stadt bis zum Sezessionskrieg auf, geriet dann aber fü[r] etwa 100 Jahre in beschauliche Verges[-]senheit. Doch im 20. Jh. machte der Ort i[n] **Musikerkreisen** Furore, begannen in de[n] hiesigen Lokalen doch Blues- und Rock größen wie Little Richard (*1932), Otis Redding (1941–1967) oder James Brown (1928–2006) ihre Karrieren.

Macons Geschichte vor dem Sezessionskrieg repräsentieren zwei sehenswerte Antebellumhäuser etwas westlich des Zentrums. Mit ihrem Portal und der halbrunden Freitreppe bietet die Fassade des 1860 im Italian Renaissance Revival Style erbauten **Hay House** (934 Georgia Ave., www.hayhouse.org, Mo–Sa 10–16, So 13–16 Uhr) einen prächtigen Anblick. Für damalige Verhältnisse war die von Unternehmer William Butler Johnston erbaute, feudale 24-Zimmer-Villa mit Aufzug, Belüftungs- und sanitären Anlagen sehr modern ausgestattet. Bei einem Rundgang kann man überdies wertvolle Gemälde und kostbares Inventar bewundern.

Die Front des **Cannonball House** (Mo–Sa 10–16 Uhr, www.cannonballhouse.org) in 856 Mulberry Street zeigt noch den Einschuss einer Kanonenkugel, die das 1853 entstandene Greek- Revival-Gebäude während des Sezessionskrieges getroffen hatte. Im Inneren sind Militaria sowie Pläne und Fotografien zur Geschichte des *Civil War* ausgestellt.

Von der 900–1100 im zentralen Georgia ansässigen *Mississippi-Kultur* – Vorfahren der Creek – stammen Keramiken und weitere Fundstücke im *Visitor Center* des **Ocmulgee National Monument** (1207 Emery Hwy., www.nps.gov/ocmu, tgl. 9–17 Uhr) am Ostrand von Macon. Durch das umliegende Freigelände führen 6 km Wanderwege, die auch archäologisch erforschte prähistorische Erdhügel erschließen.

i Praktische Hinweise

Information

Macon Convention & Visitors Bureau Visitors Center, 450 Martin Luther King Jr. Blvd., Macon, Tel. 478/743-10 74, 800/768-34 01, www.maconga.org

Hotel

****1842 Inn,** 353 College St., Macon, Tel. 478/741-18 42, 800/336-18 42, www.1842inn.com. Romantische Antebellumvilla mit 19 prächtigen Zimmern. Übernachtung mit Southern Breakfast.

Restaurant

Fish'n Pig, 6420 Moseley Dixon Rd., Macon, Tel. 478/476-88 37, www.fishnpig.com. Populäres Barbecue-Restaurant mit Bar und Terrasse am Lake Tobesofkee westlich von Macon. Nur Dinner, So/Mo geschl.

Südstaatenromantik: Macons Altstadt zieren repräsentative Antebellumhäuser

Appalachen – malerische, zauberhafte Blaue Berge

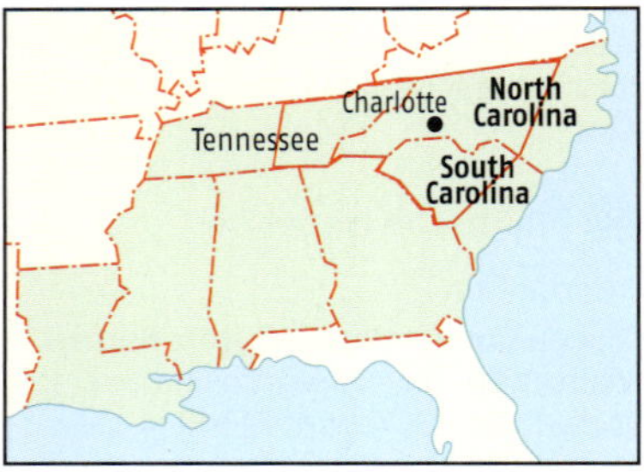

Im Herbst verwandeln sich die Mischwälder der Appalachen in einen farbenprächtigen Laubteppich. Das 200–300 km breite und etwa 2600 km lange **Mittelgebirge** zieht sich von Neufundland durch den gesamten Osten der USA bis ins nördliche Alabama und Georgia. Die Kammlinie der Appalachen in North Carolina ist als **Blue Ridge Mountains** bekannt. Ihr folgt die rund 750 km lange Panoramastraße **Blue Ridge Parkway**, die im großartigen **Great Smoky Mountains National Park** endet, einem wahren Wanderparadies.

Goldfunde auf dem hügeligen *Piedmont Plateau* begründeten Ende des 18. Jh. den Aufstieg der Stadt **Charlotte** zum Finanzzentrum. In der geschichtsträchtigen Region liegen auch **Raleigh**, die Hauptstadt North Carolinas, und die Tabakstadt **Winston-Salem**. Mit *Upcountry South Carolina* wird der hügelige Nordwesten des Bundesstaates bezeichnet. Wirtschaftliches Herz ist der Großraum *Greenville/Spartanburg*, wo BMW 1994 ein hochmodernes Automobilwerk eröffnete. Westlich der Appalachen wurden während des Sezessionskrieges die Städte **Chattanooga** und **Knoxville** verbissen umkämpft, woran zahlreiche *Military Parks* in der Gegend erinnern.

20 Chattanooga

Eldorado der Eisenbahnfans.

An der Grenze zu Georgia liegt, umgeben von rundkuppigen bewaldeten Bergen, Chattanooga (173 800 Einw.). Durch die viertgrößte Stadt Tennessees schlängelt sich der tief in das *Cumberland Plateau* eingegrabene **Tennessee River**.

Geschichte 1815 gründete John Ross, ein halbblütiger Cherokee, an einer Furt – heute *Ross's Landing* – einen bald prosperierenden **Handelsposten**. Mitte des 19. Jh. traf der **Sezessionskrieg** die Stadt schwer. In einer blutigen Schlacht versuchten die Konföderierten 1863 vergeblich, Chattanooga aus den Händen der Union zurückzuerobern. Nach dem Krieg entwickelte sich die **Montanindustrie** zum wichtigsten Erwerbszweig, der jedoch während der Weltwirtschaftskrise in den 1930er-Jahren zusammenbrach.

Architektonischer Blickfang am Tennessee River von Chattanooga sind die Pyramiden des Tennessee Aquarium

Neue Impulse, Arbeitsplätze und reichlich Energie verschaffte der angeschlagenen Region die im Zuge des *New Deal* von Präsident Franklin D. Roosevelt 1933 gegründete **Tennessee Valley Authority** (TVA). Die staatliche Behörde ließ Dämme bauen, um der fortschreitenden Erosion durch Überschwemmungen ein Ende zu bereiten und förderte Wiederaufforstungsprojekte [s. S. 87]. Die so entstandenen *Waldgebiete* boten auch Chattanooga Chancen: Die Stadt schaffte im späten 20. Jh. trotz des endgültigen Niedergangs der Schwerindustrie mit der Sanierung der Bausubstanz den Sprung zum **touristisch attraktiven Zentrum** der Region.

Besichtigung Glanzpunkt der Innenstadt ist das **Tennessee Aquarium** (www.tnaqua.org, tgl. 10–18) im hübschen *Ross's Landing Park* am Ufer des Tennessee River. Der 1992 eingeweihte, kubische Bau mit dem gegenüberliegenden IMAX-Kino ist auch architektonisch interessant, nicht zuletzt weil sein gläsernes Dach in vier gegeneinander versetzte Pyramiden ausläuft. Besucher folgen im Museum den weiten Spiralen fünf Stockwerke ab-

Magische Momente mit Pinguinen und anderen Bewohnern der Weltmeere lassen sich im spannenden Tennessee Aquarium von Chattanooga erleben

wärts und betrachten dabei Aquarien mit Tausenden heimischer und exotischer Fische, Reptilien und Amphibien. Sie durchwandern Flusslandschaften der Appalachen, Sumpfgebiete, tropischen Regenwald, Korallenriffe oder die blauen Tiefen des Golf von Mexiko. Der Erweiterungsbau **Ocean Journey** widmet sich der Flora und Fauna der Weltmeere. Mit dem **River Gorge Explorer** (Tel. 423/265-06 98) kann man ab dem Chattanooga Pier hinter dem Aquarium auf rasante Flusstouren gehen.

Auf den nahen Klippen oberhalb des Tennessee River ist das **Hunter Museum of American Art** (10 Bluff View, www.huntermuseum.org, Mo/Di, Fr/Sa 10–17, Mi, So 12–17, Do 10–21 Uhr) sehenswert. In bester Aussichtslage über dem Fluss wird amerikanische Kunst des 19. und 20. Jh. präsentiert, darunter Fotografien von Ansel Adams und Landschaftsgemälde von Albert Bierstadt. Das angrenzende Viertel **Bluff View Arts District** lockt mit einer bunten Mischung aus Kunstgalerien, Studios, Cafés und Bed & Breakfasts.

Südlich der Innenstadt liegt das 1970 stillgelegte Bahnhofsgebäude *Southern Railroad Terminal*, besser bekannt als **Chattanooga Choo Choo** (1400 Market St., www.choochoo.com). Den 1906–09 errichteten, zweistöckigen Backsteinbau mit der 26 m hohen Kuppel im Beaux-Arts-Stil nutzt heute ein Hotel [s. S. 86], das dank des Schlagers von Glenn Miller aus dem Jahr 1941 keine Reklame benötigt.

Etwa 10 km südlich der Innenstadt erstreckt sich der Bergrücken des dicht bewaldeten **Lookout Mountain** (www.lookoutmountain.com). Einen natürlichen Stein-Irrgarten samt spektakulärer Aussicht entdecken kann man in **Rock City**, einem beliebten Familienausflugsziel auf dem Bergrücken (Ende Mai–Anf. Sept. 8.30–20 Uhr, sonst kürzer, www.seerockcity.com).

Hinauf führen der *Lookout Scenic Mountain Highway* oder die **Lookout Mountain Incline Railway** (Talstation: 3917 St. Elmo Ave., www.ridetheincline.com, Juni–Aug. tgl. 8.30–21.30 Uhr, sonst kürzer, alle 15–20 Min.). Mit bis zu 72,7 % Steigung ist diese Zahnradbahn eine der steilsten der Welt.

Während des Sezessionskrieges tobten 1863 um den strategisch wichtigen Berg heftige Schlachten. Heldendenkmäler und polierte Kanonen zeugen im **Chickamauga and Chattanooga National Military Park** (US Hwy. 27, www.nps.gov/chch, Visitor Center tgl. 8.30–17 Uhr) am nördlichen Ende des Lookout Mountain von den Geschehnissen. Vom **Point Park** genießt man eine spektakuläre Aussicht auf Chattanooga und den Tennessee River.

Am Lookout Mountain Scenic Highway wartet eine weitere Attraktion. Eine 1-std. Höhlenführung endet am 44 m hohen, farbenfroh beleuchteten Wasserfall **Ruby Falls** (www.rubyfalls.com, tgl. 8–20 Uhr) 340 m tief im Berginnern.

Wenn ihr ordentlich eingeheizt wird, lässt die Dampflokomotive im früheren Bahnhof von Chattanooga noch einmal ihr einzigartiges, weltbekanntes ›Choo Choo‹ hören

Sieben Bundesstaaten der USA kann man vom Gipfel des Lookout Mountain sehen

Ausflüge

Etwa auf halbem Weg zwischen Chattanooga und Nashville gründete in dem Weiler **Lynchburg** (6300 Einw.) 1866 der erst 16-jährige Jasper Newton ›Jack‹ Daniel (1850–1911) eine Whiskeybrennerei, die heute als **Jack Daniel's Distillery** (Tel. 931/759-6357, www.jackdaniels.com, tgl. 9–16.30 Uhr) weltbekannt ist. Bei einer Führung durch die älteste registrierte Destillerie der USA erfährt man viel Wissenswertes über die Herstellung von *Tennessee Whiskey*, etwa dass er nach der Gärung 12 Tage lang durch eine 3 m hohe, aus Zuckerahorn gebrannte Holzkohleschicht rinnt, was ihm seine unverwechselbare Note verleiht. Der Landkreis von Lynchburg ist an sich ›trocken‹ – weder Alkoholverkauf noch -ausschank sind erlaubt –, jedoch werden in der Destillerie auch Verkostungstouren angeboten. Um daran teilzunehmen ist ein Mindestalter von 18 Jahre erforderlich, die Verkostung selbst ist erst ab 21 Jahren erlaubt (Altersnachweis durch einen gültigen Ausweis erforderlich).

i Praktische Hinweise

Information

Chattanooga Visitors Center, 215 Broad St., Chattanooga, Tel. 423/756-8687, 800/322-3344, www.chattanoogafun.com

Whitewater Rafting

Quest Expeditions, 281 US Hwy. 64, Ocoee (ca. 60 km östl. von Chatta-

Geheimnis der Erde: die Ruby Falls liegen versteckt im Inneren des Lookout Mountain

nooga), Tel. 423/338-29 79, 800/277-45 37, www.questexpeditions.com. Rasante Wildwasserfahrten an Ober- und Mittellauf des *Ocoee River*, auf dem 1996 die olympischen Kajak- und Kanuslalomwettbewerbe stattfanden (April–Okt.).

Hotels

******Chattanooga Choo Choo Historic Hotel,*** 1400 Market St., Chattanooga, Tel. 423/266-50 00, 800/872-25 29, www.choochoo.com. Lobby in berühmter ehem. Bahnhofshalle. 48 Zimmer in viktorianisch eingerichteten Eisenbahnwaggons, weitere 315 im Hotelkomplex.

*****Tolley House B&B**, 1253 Main St., Lynchburg, Tel. 931/759-72 63, www.tolleyhouse.com. Eines der schönsten Antebellumhäuser des Ortes. Mit zwei eleganten, gemütlichen Zimmern.

Restaurants

212 Market Restaurant, 212 Market St., Chattanooga, Tel. 423/265-12 12, www.212market.com. Familienrestaurant mit angenehmem Ambiente, preiswerten Gerichten, tollen Desserts und beachtlicher Weinkarte. Gegenüber dem Aquarium.

Miss Mary Bobo's Boarding House, 295 Main St., Lynchburg, Tel. 931/759-73 94. Familiärer Mittagstisch seit 1908: Die Schüsseln mit den Speisen kommen auf den Tisch, man bedient sich selbst und isst so viel, wie man mag. Reservierung notwendig (tgl. 9–16.30 Uhr).

21 Knoxville

Zwischen Blockhütten und Atomforschung.

Bei Knoxville vereinen sich *French Broad River* und *Holston River* zum **Tennessee River**, der sich 1050 km lang durch Tennessee und Alabama schlängelt und seit jeher die wirtschaftlichen Geschicke der Region prägt.

Geschichte An strategisch günstiger Stelle auf einem Felsen oberhalb des Tennessee River errichtete General James White 1786 ein kleines **Fort**. Die Niederlassung galt den Siedlern als ›Tor zum Westen‹, und schon 1792 verlegte William Blount, erster Gouverneur des damaligen *Southwest Territory*, seinen Amtssitz von Rocky Mount hierher. Er ließ den Ort, der 1796–1811 Hauptstadt von Tennessee war, nach dem ersten US-Verteidigungsminister Henry Knox benennen. Während des **Sezessionskrieges** nahm der strategisch wichtige, unionsfreundliche Ort 1863 bei der vergeblichen Belagerung durch die Südstaatenarmee erheblichen Schaden.

In Knoxville prägt der markante Sunsphere Tower mit seiner goldenen Kugel die Skyline

Kaum hatte sich Knoxville vom Krieg erholt, traf die **Weltwirtschaftskrise** zu Beginn der 1930er-Jahre das Tal des Tennessee River noch härter als andere Regionen der USA. Die wenigen industriellen Arbeitsplätze gingen verloren, zudem spülten verheerende Überschwemmungen die Erde vom kahlgeholzten Land und von den Äckern. 1933 rief Präsident Franklin D. Roosevelt die **Tennessee Valley Authority** (TVA) mit Sitz in Knoxville ins Leben. Die überregional operierende Behörde ließ entlang des Tennessee River rund 50 Staudämme bauen, die den Fluss regulierten. Daneben entstanden Kraftwerke, welche die bis dahin kaum elektrifizierten Farmen mit Strom versorgten und Industrie anzogen. Das Konzept ging auf, und 1982 feierte Knoxville mit der **Weltausstellung** den gelungenen Wiederaufstieg.

Besichtigung Eine Mischung aus modernen Hochhäusern in Glas und Stahl, altehrwürdigen viktorianischen Backsteinbauten sowie restaurierten Blockhäusern der Gründerzeit prägt das heutige Knoxville (184300 Einw.). Westlich des *Old City* genannten Zentrums steht das Wahrzeichen der Stadt, der mit einer riesigen goldenen Kugel besetzte **Sunsphere Tower** (im Sommer tgl. 9–22 Uhr). Der 81 m hohe, runde Betonturm wurde 1982 im *World's Fair Park*, auf dem Gelände der Weltausstellung, erbaut. Im Park steht auch das **Knoxville Museum of Art** (www.knoxart.org, Di–Sa 10–17, So 13–17 Uhr), das Ausstellungen moderner amerikanischer Kunst, u.a. aus Tennessee, zeigt.

Wer sich für die darstellenden Künste interessiert, sollte eine Aufführung oder ein Konzert im **Tennessee Theatre** (640 S. Gay St., Tel. 865/864-1200, www.tennesseetheatre.com) in Downtown Knoxville besuchen. Tennessees Staatstheater ist in einem ehem. Kino aus den 1920er-Jahren beheimatet. Auf der Ostseite von Downtown behauptet sich seit 1786 das kleine **James White's Fort** (205 East Hill Ave., www.jameswhitesfort.org, April–Dez. Mo–Sa 9.30–17, sonst Mo–Fr 10–16 Uhr), die Keimzelle von Knoxville. Unter den Blockhäusern der akkurat restaurierten Siedlung befinden sich die Schmiede und das einfache Wohnhaus von James White. Etwas mehr Noblesse hielt 1792 mit dem Bau des **Governor William Blount Mansion** (200 West Hill Ave., www.blountmansion.org, Febr.–Mitte Dez. Di–Fr 9.30–17, Sa 10–14 Uhr) am Tennessee River Einzug, weiß gestrichen und mit verglasten Sprossenfenstern. Im Arbeitszimmer wurde 1796 die Verfassung des Staates Tennessee ausgearbeitet.

Downtown reicht südlich bis zur Cumberland Avenue. An sie grenzt unmittelbar das Gelände der 1794 gegründeten *University of Tennessee*. Im zum Campus gehörenden *Circle Park* beeindruckt das **Frank H. McClung Museum** (http://mcclungmuseum.utk.edu, Mo–Sa 9–17, So 13–17 Uhr) mit Sammlungen zur Geologie und Naturgeschichte der Region sowie Gebrauchs- und Kultgegenständen der Native Americans aus dem Tal des Tennessee River. Im Nordosten der Stadt macht das **The Muse Knoxville** (516 N. Beaman St. www.themuseknoxville.com, Di–Fr 9–17, Sa 10–17, So 13–17 Uhr) kindgerecht mit Geologie, Physik und Biologie vertraut. Das Planetarium dürfte auch Erwachsene freuen.

Ausflüge

Das 30 km westlich von Knoxville gelegene **Oak Ridge** (29300 Einw.) wuchs ab 1942 innerhalb von drei Jahren aus dem Nichts zu einer hermetisch abgeschirmten 75000-Einwohner-Stadt heran.

Seinerzeit wussten nur wenige, in das streng geheime **Manhattan Project** eingeweihte Wissenschaftler, dass die dort errichteten Fabriken zur Urananreicherung bzw. als Kernreaktoren dienten. Die Forschungsergebnisse wurden zum Bau der ersten Atombombe benötigt. Die Anlagen des Oak Ridge National Laboratory, u.a. der historische **Graphite Reactor,** können nur von US-Bürgern im Rahmen einer Bustour ab dem Energiemuseum besichtigt werden. Das **American Museum of Science and Energy** (300 South Tulane Ave., www.amse.org, Mo–Sa 9–17, So 13–17 Uhr) steht auch internationalen Besuchern offen und informiert mittels Ausstellungen, Filmen und Computeranimationen ausführlich über die Geschichte des Manhattan Projects und die Erforschung der Atomenergie.

Die 90 km weiter nordwestlich gelegene Siedlung **Rugby** wurde 1880 von dem britischen Philanthropen Thomas Hughes gegründet. Er wollte hier eine nach christlichen Prinzipien geführte klassenlose Gemeinschaft etablieren. Doch 20 Jahre später war das Experiment, auch wegen der kargen Böden des Cumberland Plateaus, ideell und wirtschaftlich gescheitert. Aber sehenswert ist **Historic Rugby** (5517 Rugby Hwy., www.historicrugby.org Mo–Sa 10–18, So 12–18 Uhr) mit der kleinen Schule, Bibliothek, dem Holzkirchlein und 17 viktorianischen giebelgeschmückten Wohnhäusern auf jeden Fall.

In **Norris** (1500 Einw.) 24 km nördlich von Knoxville stellt das **Museum of Appalachia** (www.museumofappalachia.org, Mai–Okt. tgl. 9–18, Juni/Juli 9–19 Uhr, sonst kürzer) das Leben des 18. Jh. in einem Bergdorf aus dem Osten Tennessees nach. Auf dem 26 ha großen Gelände an der SR 61 wurden alte Häuser und Farmgebäude originalgetreu eingerichtet, Felder und Gärten angelegt, Kühe, Schafe und Maultiere angeschafft. Handwerker zeigen alte Techniken, Möbel und Gerätschaften vermitteln einen authentischen Eindruck vom Alltag der frühen Appalachensiedler.

TOP TIPP

i Praktische Hinweise

Information

Visit Knoxville Tennessee, One Vision Plaza, 301 S. Gay St., Knoxville, Tel. 865/523-72 63, 800/727-80 45, www.visitknoxville.com

Hotels

*****Maplehurst Inn**, 800 W. Hill Ave., Knoxville, Tel. 865/851-83 83, www.maplehurstinn.com. Das 1918 im Maplehurst Park zwischen Downtown und Uni erbaute Einfamilienhaus ist heute ein gemütliches B&B mit 13 Zimmern.

Während des Tennessee Fall Homecoming Festival im Oktober finden sich im Museum of Appalachia bei Norris oft kleine Bands spontan zusammen

Als Tennessee noch Teil des Southwest Territory war, regierte Gouverneur William Blount das riesige Gebiet zwei Jahre lang vom bescheidenen Anwesen Rocky Mount aus

Newbury House, 5517 Rugby Hwy., Rugby, Tel. 423/628-2441, 888/214-3400, www.historicrugby.org. Das charmante, viktorianisch eingerichtete Bed & Breakfast stammt aus der Gründerzeit von Rugby.

Restaurant

Calhoun's on the River, 400 Neyland Dr., Knoxville, Tel. 865/673-3355, www.calhouns.com/tennessee-river. Trendiges Lokal mit Terrasse am historischen Flussufer in der Stadtmitte.

22 Jonesborough

Tennessees älteste Stadt.

Die rund 5200 Einwohner sind stolz darauf, dass ihr pittoreskes Städtchen bereits 1779 gegründet wurde. Eine romantische Atmosphäre im Stil des 19. Jh. schaffen in der **Main Street** solide Backsteinbauten, mit Ziegeln gepflasterte Bürgersteige und die historischen Gaslaternen nachempfundene Straßenbeleuchtung. Kleine Kunstgalerien, Antiquitätengeschäfte und gemütliche Restaurants beleben die Szenerie.

In den Sommermonaten werden im Rahmen der *Storytelling Live! Teller-in-Residence Series* viele Geschichten erzählt im **International Storytelling Center** (116 W. Main St., Tel. 800/952-8392, www.storytellingcenter.net, Mo–Sa 10–17 Uhr). Einmal im Jahr zu Oktoberbeginn wird des Zentrum auch zum Mittelpunkt des dreitägigen Storytelling Festivals.

Jonesborough und das östliche Tennessee von den Anfängen bis in die Gegenwart stellt das Historic Jonesborough Visitor Center mit dem **Jonesborough-Washington County History Museum** (117 Boone St., www.heritageall.org, Mo–Fr 9–17, Sa/So 10–17 Uhr) vor. Die ersten weißen Siedler hatten sich sehr zum Unwillen der britischen Kolonialherren 1772 in der selbstverwalteten **Watauga Association** organisiert und nach der Unabhängigkeit der USA 1784 den eigenständigen Staat **Franklin** ausgerufen. Das nie offiziell anerkannte politische Unikum hatte sich allerdings 1788 aufgelöst und ein Jahr später in das *Territory of the United States South of the River Ohio*, kurz *Southwest Territory*, integriert.

Ausflug

Von **Rocky Mount** aus, dem kleinen Anwesen der Familie William Cobb 25 km nordöstlich von Jonesborough, wurde 1790–92 das Southwest Territory regiert. Im oberen Stockwerk des 1772 errichteten Blockhauses residierte Gouverneur William Blount bis zu seinem Umzug in die Hauptstadt Knoxville. Im originalgetreu eingerichteten Freilichtmuseum der **Ro-**

cky Mount State Historic Site (200 Hyder Hill Rd., www.rockymountmuseum.com, Di–Sa 11–17 Uhr) führen historisch gekleidete ›Bewohner‹ durch Haus und Hof. Wie einst erklingt das Hobeln der Tischler und das Hämmern des Hufschmieds, wie vor 200 Jahren werden Schafe geschoren, Flachs gefärbt sowie Feste im Stil des ausgehenden 18. Jh. gefeiert.

Praktische Hinweise

Information

Historic Jonesborough Visitors Center, 117 Boone St., Jonesborough, Tel. 423/753-10 10, 866/401-42 23, www.historicjonesborough.com

Hotel

*****Butterfly Cottage at Hawley House**, 114 E. Woodrow Ave., Jonesborough, Tel. 423/753-88 69, 800/753-88 69, www.hawleyhouse.com. Nur ein Zimmer besitzt das winzige Bed & Breakfast in der Nachbarschaft des Hawley House von 1793. Die Ausstattung ist modern und komfortabel und genügt höchsten Ansprüchen.

Restaurant

The Dining Room, 105 E. Main St., Jonesborough, Tel. 423/753-64 00, www.historicjonesborough.com. Liebenswürdiges, kleines Restaurant im Herzen des Ortes. Kubanische Küche. Di/Mi nur Lunch, Do–Sa auch Dinner.

23 Asheville

Traditioneller Urlaubsort in den Bergen.

Die attraktive, 1794 gegründete Stadt liegt am *Blue Ridge Parkway* zu Füßen der **Great Smoky Mountains** und **Blue Ridge Mountains** am French Broad River. Bereits ab Mitte des 19. Jh. schätzten erholungssuchende Städter die reine Luft in den bewaldeten Bergen, später kamen so prominente Besucher wie John D. Rockefeller, Thomas Edison oder Henry Ford. Bis heute ist Asheville das beliebteste Urlaubsziel im Appalachengebiet von North Carolina. Die meisten der 87 900 Einwohner leben vom Tourismus, wie Anfang des 20. Jh. auch die Mutter von **Thomas Wolfe** (1900–1938), die in der Spruce Street eine kleine Pension betrieb. Als Schriftsteller brachte Wolfe seine Erinnerungen 1929 in dem autobiografischen Roman *Look Homeward, Angel!*, (*›Schau heimwärts, Engel!‹*), ein.

Ashevilles freundliches **Zentrum** mit einer Fülle von Geschäften, Bistros, Restaurants und kleinen privaten Brauereien,

Dämmerung über Asheville, im Hintergrund die Blue Ridge Mountains

sog. *Microbreweries*, besitzt bemerkenswert gut erhaltene Häuser im Art-déco-Stil der 1920er- und 1930er-Jahre. Dazu zählt auch die **City Hall**, das 1928 aus rosafarbenem Marmor und Terrakotta fertig gestellte, neunstöckige Rathaus an der zentralen *County Plaza*. Schräg gegenüber sind am South Pack Square einige von Ashevilles Kulturinstitutionen untergebracht. Die bedeutendsten unter ihnen sind das **Colburn Earth Science Museum** (www.colburnmuseum.org, Di–Sa 10–17, So 13–17 Uhr) mit sehenswerten Mineralien und Edelsteinen vorwiegend aus North Carolina sowie das **Asheville Art Museum** (www.ashevilleart.org, Di–Sa 10–17, So 13–17 Jhr) mit amerikanischer Kunst des 20. und 21. Jh., moderner Kunst und anderen kulturellen Schätzen des westlichen North Carolina.

Im Süden der Stadt ließ George W. Vanderbilt nach Plänen des Stararchitekten Richard Morris Hunt **Biltmore Estate** (tgl. 9–16.30 Uhr, www.biltmore.com) errichten, heute Ashevilles größte Attraktion. 895 wurde nach fünfjähriger Bauzeit das 250-Zimmer-Traumschloss im französichen Neorenaissancestil mit Türmchen, Kaminen und steilen Dächern fertig gestellt. Vanderbilt sammelte dort *Kunstchätze* und *Antiquitäten* aus aller Welt, darunter Werke von Albrecht Dürer, Auguste Renoir und John Singer Sargent. Besonderen Wert legte er auf eine mit allen Annehmlichkeiten versehene Einichtung. Es gab Zentralheizung, Aufzüge und elektrisches Licht. Rund 90 Zimmer der größten *Privatresidenz* in den USA, ie noch immer den Vanderbilts gehört, tehen zur Besichtigung offen, u. a. der ast 23 m hohe Bankettsaal, der Wintergarten und die mehr als 23 000 Bände mfassende, holzgetäfelte Bibliothek. Danach kann man das **Weingut** besuhen oder durch die von Frederick Law Olmsted, dem Designer des Central Park n Manhattan, entworfenen **Parkanlagen** pazieren.

Hübsch oberhalb der Stadt liegt das **orth Carolina Arboretum** (Blue Ridge kwy., Mile Marker 393, April–Okt. tgl. –21 Uhr, www.ncarboretum.org) mit orgfältig angelegten Gärten und Wanerwegen, die auch den Wald ringsum nbeziehen.

usflüge

m US Highway 64/74 A etwa 45 km südstlich von Asheville ragt vor einem Fels-

Den Chimney Rock können auch Unsportliche leicht erklimmen – dem Lift sei Dank

TOP TIPP massiv der fotogene Granitmonolith **Chimney Rock** (März–Okt. tgl. 8.30–17.30, sonst Fr–Di bis 16.30 Uhr, www.chimneyrockpark.com) rund 360 m empor. Der Zugang führt vom Parkplatz über einen Aufzug und eine Brücke auf die Aussichtsplattform oben auf dem Gipfel des frei stehenden Felsens. Von hier aus sieht man weit über die sanften, waldbestandenen Hügel des Umlandes. 400 ha davon gehören zum *Chimney Rock Park*, in dem man eine Höhenwanderung auf dem **Skyline-Cliff Trail Loop** unternehmen kann, die nach etwa 2 Stunden unten am Parkplatz endet. Der grandiose Rundweg bietet viele herrliche Panoramablicke, u. a. einen Blick von oben auf die 123 m tief hinabstürzenden **Hickory Nut Falls**. Hier wurden Teile des Kinofilms ›Der letzte Mohikaner‹ (1992) mit Madeleine Stowe und Daniel Day-Lewis gedreht.

i Praktische Hinweise

Information

Asheville Visitor Center, 36 Montford Ave., Asheville, Tel. 828/258-6129, www.exploreasheville.com

Whitewater Rafting

French Broad Rafting Expeditions, 9800 US Hwy., 25/70, Marshall, 35 km nördl. von Asheville, Tel. 828/649-0486, www.frenchbroadrafting.com. 3- bis 5-std. Trips mit dem Schlauchboot auf dem French Broad River. Bei sommerlichem Niedrigwasser wird die Tour eher gemächlich.

Hotel

***__Crown Plaza Resort__, 1 Resort Dr. (I-240, Ausfahrt 3B), Asheville, Tel. 828/254-3211, 800/733-3211, www.ashevillecp.com. Attraktives Sporthotel am Fuß der Great Smoky Mountains. Mit zwei Restaurants, Tennisplätzen, Golfplatz und Swimmingpool.

Restaurant

Laughing Seed Cafe, 40 Wall St., Asheville, Tel. 828/252-3445, www.laughingseed.com. Ausgezeichnete vegetarische Küche in einer schmalen Gasse in Downtown. Im Untergeschoss bietet das Pub ›Jack of the Woods‹ feines Bier und Snacks.

24 Cherokee

Kultur-Pendler: die Cherokee zwischen Tradition und Moderne.

Südlich des Great Smoky Mountains National Park [Nr. 25] am Beginn des Blue Ridge Parkway liegt die knapp 230 km² große **Qualla Boundary Cherokee Indian Reservation** mit der Hauptstadt Cherokee (2100 Einw.). Innerhalb dieser bedeutendsten Reservation im Süden der USA leben rund 8100 Menschen, die bei der **Eastern Band of the Cherokee** registriert sind. Im Reservat ist Glücksspiel erlaubt, das 1995 eröffnete Kasino **Harrah's** (tgl. 24 Std.) an der US 19 North mit unzähligen Video- und Digitalspielen sowie das kasinoeigene Hotel sind die ergiebigsten Einnahmequellen.

In dem überschaubaren Städtchen mit seinen Souvenir Shops, Hotels und Restaurants liegen die Attraktionen dicht beieinander an der Hauptstraße. Unterstützt von Computeranimationen vermitteln die Ausstellungen des **Museum of the Cherokee Indian** (589 Tsali Blvd. www.cherokeemuseum.org, Mitte Juni–Mitte Aug. Mo–Sa 9–19, So 9–17, sonst tgl. 9–17 Uhr) einen chronologischen Abriss von Geschichte und Kultur der Cherokee. Gezeigt werden Kleidung, Werkzeuge, Waffen und Kultgegenstände. Gegenüber verkauft das **Qualla Arts & Craft Mutual** (645 Tsali Blvd., www.quallaartandcrafts.com, Mo–Sa 8–16.30, So 9–1 Uhr) von Cherokee hergestellte Masken, Pfeifen oder Töpferwaren.

TOP TIPP Das nahe **Oconaluftee Indian Village** (218 Drama Rd., www.cherokeeadventure.com, Mitte Mai–Ok Mo–Sa 10–17 Uhr) ist eine rekonstruierte Cherokee-Siedlung aus der Mitte des 18. Jh. Bei Führungen durch Häuser und Gärten sowie über die Felder erlebt man Handwerker beim Körbeflechten, Schnitzen, Weben und Töpfern oder sieht, wie Kanus aus Baumstämmen ausgehöhlt werden. Nebenan wird in dem 2800 Zuschauer fassenden **Mountainside Theatre** seit über 50 Jahren unter freiem Himmel das zweistündige Drama ›**Unto These Hills**‹ (Tel. 866/554-4557, www.visitcherokeenc.com, Juni–Mitte Aug. Mo–Sa 2 Uhr) von Kermit Hunter aufgeführt. Rund 130 Darsteller lassen dabei den *Trail of Tears* und andere Momente der Cherokee-Geschichte lebendig werden.

Die alte Kunst der Korbflechterei zeigen Cherokee im Oconaluftee Indian Village

Geteiltes Volk

Bei Ankunft der ersten europäischen Siedler Mitte des 18. Jh. lebten etwa 25 000 **Cherokee** in den südlichen Appalachen, sesshafte, matrilineare Pflanzer und Jäger. Doch schnell mussten sie unter zunehmendem weißen **Siedlungsdruck** Stück um Stück ihres Landes aufgeben. Die Cherokee waren bemüht, sich dem ›American Way of Life‹ anzupassen: Bald konnten sie eine mustergültige Siedlungsstruktur vorweisen mit Sägemühlen, Schmieden, Schulen, befestigten Straßen – und schwarzen Sklaven. 1821 erfand der Silberschmied **Sequoyah** (1760–1843) das **Cherokee-Alphabet**, in der Stammeshauptstadt New Echota [s. S. 76] erschien die zweisprachige Zeitung ›Cherokee Phoenix‹, und die Cherokee arbeiteten eine **geschriebene Verfassung** aus.

Dem Ansturm der Weißen auf ihr Land konnten sie allerdings nicht standhalten. 1830 unterzeichnete Präsident Andrew Jackson den **Indian Removal Act**, der die Umsiedlung u. a. der ›5 zivilisierten Stämme‹ (Choctaw, Chickasaw, Creek, Seminole und Cherokee) nach Westen legalisierte. Für die Aufgabe ihrer angestammten Heimat wurden ihnen ›ewige‹ Landrechte in Oklahoma garantiert.

Auf juristischem Wege widersetzte sich die überwiegende Mehrheit der Cherokee unter Häuptling John Ross und erhielt 1831 im Prozess **Cherokee Nation vs. Georgia** sowie 1832 in **Worcester vs. Georgia** vom Obersten Gerichtshof der USA Recht. Allerdings ignorierten die Regierungen unter den Präsidenten Andrew Jackson und Martin Van Buren beide Urteile: die US-Armee trieb 1838–39 rund 16 000 Cherokee bei Chattanooga zusammen und eskortierte sie anschließend nach Oklahoma. Auf dem knapp 2000 km langen Fußmarsch starben rund 4000 von ihnen an Erschöpfung, Hunger und Krankheiten. Der Exodus erlangte unter dem Namen **Trail of Tears**, ›Weg der Tränen‹, traurige Berühmtheit. Die Nachkommen der Überlebenden leben heute als **Western Band of the Cherokee** in Oklahoma.

Etwa 1200 Cherokee aus dem Ort Qualla flohen in die Berge und entgingen so der Zwangsumsiedlung. 1866 legalisierte North Carolina ihr Wohnrecht, später erkannte auch die US-Regierung die **Eastern Band of the Cherokee** an. Viele ihrer Nachfahren siedeln heute in der **Qualla Boundary**, die auch als **Cherokee Indian Reservation** bezeichnet wird.

Sequoyah erfand 1821 auf Grundlage lateinischer Buchstaben eine Cherokee-Schrift

i Praktische Hinweise

nformation

:herokee Welcome Center, 498 Tsali 3lvd., Cherokee, Tel. 800/438-1601, vww.visitcherokeenc.com

Vhitewater Rafting

lantahala Outdoor Center, 13077 Hwy. 9 W., Nantahala River, Bryson City, 35 km vestlich von Cherokee, Tel. 828/366-5 02, 828/785-50 82, www.noc.com. Trips mit dem Schlauchboot durch die felsige Schlucht Nantahala Gorge heben den Adrenalinspiegel. Schwierigkeitsgrad II–III, für Geübte auch in *Ducks* (Einpersonenschlauchbooten) befahrbar.

Restaurant

Chestnut Tree Restaurant, 37 Tsalagi Rd., Cherokee, Tel. 828/4 97-91 81, www.chesnuttreeinncherokee.com. Frische Bergforellen sind die Spezialität dieses Restaurants im Chestnut Tree Inn.

25 Great Smoky Mountains National Park

Steigende Nebel und rotleuchtende Herbstwälder bieten unvergessliche Eindrücke.

Über den Wäldern der **Great Smoky Mountains**, der mehr als 2000 m hohen Bergkette an der Grenze von North Carolina zu Tennessee, schwebt in den Sommermonaten meist ein bläulicher Dunstschleier, dem das Gebirge seinen Namen verdankt. Als einzige ganzjährig befahrbare Straße durch die Berge verbindet die 53 km lange, malerische **Newfound Gap Road** 1 (US Hwy. 441) die Städte Cherokee im Süden und Gatlinburg im Norden.

Seit 1934 steht ein 2112 km² großer Abschnitt der Great Smoky Mountains als *National Park* unter Naturschutz. Es lohnt sich, die weiten, artenreichen Mischwälder zu erkunden. 1300 km gut markierte Wege mit einfachen Schutzhütten und Campingplätzen im Hinterland machen den Nationalpark zu einem wahren **Wanderparadies**. Auch ein 110 km langes Teilstück des **Appalachian Trail** 2, des 3450 km langen Fernwanderwegs entlang der Appalachen, durchzieht die Bergwälder der *Smokies*. Man steigt beim 1539 m hohen Pass unmittelbar an der Grenze zwischen North Carolina und Tennessee ein. Sehr schön ist der Weg im angenehm warmen Sommer, wenn an den Bachufern die Rhododendren rosarot blühen. Die beste **Wanderzeit** ist im September und Oktober, letzterer der Monat mit den geringsten Niederschlägen und den meisten Sonnenstunden.

Von Wäldern umschmiegte Hügelketten und Gipfelhöhen so weit das Auge reicht: Great Smoky Mountains National Park

Im Herbst bietet außerdem das sich färbende Laub einen überwältigenden Anblick. Nur das hohe **Verkehrsaufkommen** auf der Passstraße schmälert den positiven Gesamteindruck. Aber irgendwie müssen die jährlich rund 10 Mio. Besucher ja anreisen, die den Great Smoky Mountains National Park zum meistbesuchten der USA machen.

Am südlichen Ausgangspunkt der Newfound Gap Road rekonstruiert das **Mountain Farm Museum** am **Oconaluftee Visitor Center** ❸ (Juni–Aug. tgl. 8–19.30 Uhr, sonst kürzer) die Welt der Bauern, die im späten 19. Jh. auf den fruchtbaren Talböden siedelten. Historisch gekleidete ›Farmbewohner‹ beleben Häuser, Scheunen, Kornkammern und eine rußige Schmiede.

Längs des Oconaluftee River zieht sich die Newfound Gap Road die Hänge der Great Smoky Mountains hinauf nach Norden. Kurz vor der Passhöhe zweigt eine 11 km lange Stichstraße nach Westen zum **Clingmans Dome** ❹ (2024 m) ab. Vom Straßenende führt ein 500 m kurzer Fußweg zum Aussichtsturm auf diesem zweithöchsten Gipfel der Appalachen. Von hier oben bietet sich ein herrlicher Blick auf die majestätische Bergwelt.

Top Tipp

Ab dem **Newfound Gap** ❺, dem 1539 m hoch gelegenen Pass selbst, lässt sich eine schöne, 7 km lange Wanderung zur Anhöhe **Charlies Bunion** ❻ unternehmen, auf der man zwar knapp 300 Höhenmeter überwinden muss, dafür aber mit Panoramablicken belohnt wird.

Kurz vor der Nordgrenze des Parks, an der das **Sugarlands Visitor Center** ❼ (Juni–Aug. tgl. 8–19.30 Uhr, sonst kürzer) liegt, zweigt nach Westen die Little River Road ab. Sie mündet in die sehr beliebte,

18 km lange Rundstrecke durch das liebliche Tal von **Cades Cove** 8. Entlang der Straße erinnern restaurierte Farmgebäude wie *John Oliver's Place*, Kirchen, die Hafermühle *Cable Mill* und das **Visitor Center** (Mai–Juli tgl. 9–19.30 Uhr, sonst kürzer) an die Siedler des frühen 19. Jh.

Ausflüge

Direkt am Nordeingang des Nationalparks liegt zu Füßen des 2162 m hohen *Mount LeConte* der mit seinen engen Straßen, gemütlichen Restaurants und zahlreichen Kunstgalerien geradezu europäisch wirkende Gebirgsort **Gatlinburg** 9 (4000 Einw.). In der über 80 Geschäfte und Studios zählenden *Great Smoky Arts & Crafts Community* 5 km östlich des Zentrums kann man Künstlern und Handwerkern bei der Arbeit über die Schulter schauen.

Nur 10 km von Gatlinburg entfernt, gelangt man in das familienfreundliche Städtchen **Pigeon Forge** 10 (6000 Einw.), ein beliebtes Urlaubsziel – nicht zuletzt, weil es einen guten Ruf als *Einkaufsparadies* genießt. Mehrere Malls und Outlet Center bieten im Direktverkauf Markenwaren zu Discountpreisen. Am östlichen Stadtausgang betreibt die Countrysängerin Dolly Parton den Vergnügungspark **Dollywood** (2070 Dollywood Parks Blvd., Tel. 800/365-5996, www.dollywood.com, April–Dez., variable Öffnungszeiten). Achterbahnen, Countrymusic-Konzerte und Kunsthandwerk locken die Besucher an. Eine weitere Attraktion ist das Planschparadies **Dolly's Splash Country** (www.dollywood.com/waterpark, Juni, Aug. tgl. 10–18, Juli 10–19, Mai, Sept. Sa/So 10–18 Uhr).

Praktische Hinweise

Information

Great Smoky Mountains National Park Headquarters, 107 Park Headquarters Rd., Gatlinburg, Tel. 865/436-1200, www.nps.gov/grsm

Hotel

*****River Stone Resort**, 212 Dollywood Lane, Pigeon Forge, Tel. 865/908-0660, 877/703-3220, www.riverstoneresort.com. Komfortable, große Hotelzimmer und Suiten am Pigeon River. Mit hoteleigener Schönheitsfarm.

26 Blue Ridge Parkway

Panoramastraße durch die Appalachen.

755 km schlängelt sich die für den Lkw-Verkehr gesperrte Straße über die waldreichen Höhen des Appalachenhauptkamms vom *Shenandoah National Park* in Virginia bis zur *Cherokee Indian Reservation* in North Carolina. Im Wesentlichen folgt der aussichtsreiche Parkway den lang gestreckten **Blue Ridge Mountains**, berührt aber u.a. auch die Great Smoky Mountains.

Je lauter die Schreie, desto größer der Spaß: Im Vergnügungspark Dollywood bei Pigeon Forge kann man sich nach allen Regel der amerikanischen Freizeitkunst amüsieren

Appalachenerlebnis im herbstlichen Farbenrausch: Blue Ridge Parkway

Der schönste Streckenabschnitt liegt im südwestlichen Drittel, in North Carolina. Nördlich von Cherokee steigt die Straße am MP 355 im **Mount Mitchell State Park** (Tel. 828/675-4611 www.ncparks.gov, Mai–Aug. tgl. 7–22 Uhr, Öffnungszeiten witterungsabhängig, vorher informieren) auf das Gipfelplateau des in den Black Mountains gelegenen **Mount Mitchell** (2037 m) an. Die Aussichtsplattform mit ihrem nahezu grenzenlosen Panorama sollte man sich nicht entgehen lassen.

TOP TIPP

40 km weiter geht es um die Schätze der Erde. Das **Museum of North Carolina Minerals** (tgl. 9–17 Uhr) am MP 331 präsentiert den Reichtum des Staates an Mineralien und Edelsteinen, zeigt Schneide- und Poliertechniken und gibt Tipps zum Steine- bzw. Mineraliensammeln. Beim Weiler Linville führt die Abzweigung via State Route 181 und US Highway 221 zum **Grandfather Mountain** (www.grandfathermountain.com, Mai–Aug. tgl. 8–19, sonst kürzer). Den besten Blick auf den mit 1818 m höchsten Berg der Blue Ridge Mountains genießt man von der spektakulären Hängebrücke *Mile High Swinging Bridge*. Die Serpentinenstraße endet am Visitor Center, dem Ausgangspunkt mehrerer schöner Wanderwege im **Grandfather Mountain State Park** (www.ncparks.gov).

i Praktische Hinweise

Information

Blue Ridge Parkway, 199 Hemphill Knob Rd., Asheville, Tel. 828/298-0398, www.nps.gov/blri

27 Winston-Salem

Unbegrenzte Möglichkeiten: Gottesfürchtige Herrnhuter und die Zigarettenindustrie.

1753 wanderten deutschsprachige **Herrnhuter Brüdergemeine**, engl. *Moravians*, aus Böhmen und Mähren nach North Carolina ein. Die fundamentalistischen Christen gründeten zunächst die Gemeinde *Bethabara*, 1766 das unmittelbar

Manche Dinge ändern sich kaum: Vor rund 250 Jahren dürften die Hausfrauen von Old Salem beim Wäscheaufhängen einen ähnlichen Anblick geboten haben

benachbarte **Salem**. Die Orte florierten, nicht zuletzt weil die ehrlichen Brüder als Händler sehr beliebt waren. Außerdem züchteten sie Schafe und bauten Baumwolle sowie Tabak an. Da zunächst nur Moravians in Salem wohnen durften, siedelten Andersgläubige im benachbarten, 1849 gegründeten **Winston**. Dort erbaute Richard Joshua Reynolds 1875 seine erste **tabakverarbeitende Fabrik**. Ihr enormer Erfolg war Ansporn für die Gründung Dutzender weiterer Fabriken in den damals noch eigenständigen Städten Salem und Winston, die sich erst 1913 zusammenschlossen. Heute ist die *R. J. Reynolds Tobacco Company* der zweitgrößte Zigarettenhersteller der USA, und Winston-Salem (243 300 Einw., Großraum 1,6 Mio. Einw.) ist als Herstellungsort der Marke *Camel* bekannt.

Die frühere Siedlung der Herrnhuter Brüder trägt heute den Namen **Old Salem Museums and Gardens** und ist noch immer Sitz der *Moravian Church in America*. Sie liegt südlich des modernen Stadtzentrums, ist gleichzeitig Freilichtmuseum und Stadtteil von Winston-Salem mit mehr als 90 restaurierten oder rekonstruierten Häusern des 18. und 19. Jh. Eintritt zahlt man für die Besichtigung von 15 besonders bedeutsamen Häusern (600 S. Main St., www.oldsalem.org, Di–Sa 9.30–16.30, So 13–16.30 Uhr), u. a. für das frei stehende, trotz seiner Größe aus Holz errichtete **Single Brothers House** (1769), das trotz seiner Größe komplett aus Holz errichtet wurde. In ihm lebten und arbeiteten die Junggesellen der Gemeinde. Bevölkert wird das ›lebende Museum‹ von Old Salem mit seinem pittoresken Zusammenspiel der Wohnhäuser, Werkstätten und Schuppen von zeitgenössisch gekleideten Hausfrauen, die Gärten bestellen oder einkaufen, von holzhackenden oder besenbindenden Männern sowie von Kutschern auf rumpelnden Pferdewagen.

Ein Highlight von Old Salem ist das großartige **Museum of Early Southern Decorative Arts** (924 S. Main St., www.mesda.org, Di–Sa 10–17, So 13–17 Uhr) im zentral gelegenen *Frank L. Horton Museum Center*, das am Ortsende der Main Street einen erstklassigen Überblick über die Wohnkultur im Süden der USA gibt. 24 Räume sind mit Gebrauchs- und Kunstgegenständen aus unterschiedlichen Epochen und Regionen eingerichtet.

Die 1753 entstandene Ursprungssiedlung der Herrnhuter Brüdergemeine mit dem schlichten Gemeinhaus und der Kirche von 1788 steht heute nordwestlich von Downtown als **Historic Bethabara Park** (2147 Bethabara Rd., April–Nov. Di–Fr 10.30–16.30, Sa/So 13.30–16.30 Uhr) zur Besichtigung offen. Nicht weit entfernt liegt das **Reynolda House Museum of American Art** (2250 Reynolda Rd., www.reynoldahouse.org, Di–Sa 9.30–16.30, So 13.30–16.30 Uhr). Es wurde im prachtvollen, 1917 erbauten Wohnhaus von Richard J. Reynolds eingerichtet. Die ältesten der in häuslicher Atmosphäre arrangierten Drucke, Skulpturen und amerikanischen Gemälde datieren aus dem 18. Jh. Zu den Meisterwerken zählen u. a. die Bilder *Sier-*

ra Nevada von Alfred Bierstadt und *The Andes of Ecuador* von Frederic Church.

Beliebtestes Naherholungsgebiet bei Winston-Salem ist der 480 ha große Park **Tanglewood** am westlichen Stadtrand, der über weite Wiesen und Wälder sowie über zwei der besten Golfplätze von North Carolina verfügt. Darüber hinaus bieten Tennisplätze, Reitstall, Rad-, Paddelboot- und Kanuverleih sowie ein ausgedehntes Netz von Spazier- und Radwegen reichlich Gelegenheit zu sportlicher Betätigung.

i Praktische Hinweise

Information

Winston-Salem Visitor Center, 200 Brookstown Ave., Winston-Salem, Tel. 336/728-4200, 866/728-4200, www.visitwinstonsalem.com

Hotel

*****Tanglewood Manor House Bed & Breakfast**, 4061 Clemmons Rd., Clemmons, Tel. 336/703-6494, http://manorhouse.tanglewoodpark.org. 1859 erbautes Herrenhaus im Tanglewood Park mit stilvoll eingerichteten Zimmern.

Restaurant

The Tavern in Old Salem, 736 S. Main St., Winston-Salem, Tel. 336/722-1227, www.thetaverninoldsalem.ws. Ein im Stil des späten 18. Jh. gekleidetes Kellnerteam serviert zu Lunch und Dinner mährische Spezialitäten, z. B. *Bratwurst Platter* (Mo. geschl.).

28 Raleigh

Museen, Universitäten und High-Tech-Zentrum.

Das am äußersten Rand des Piedmont gelegene Raleigh (439900 Einw., Großraum 1,8 Mio. Einw.) wurde 1792 als **Hauptstadt** von North Carolina gegründet und nach dem englischen Erforscher Sir Walter Raleigh benannt. Mit den nordwestlich benachbarten Universitätsstädten *Durham* und *Chapel Hill* im **Research Triangle** verbunden, genießt Raleigh großes Ansehen als Forschungszentrum, vor allem auf den Gebieten Biotechnologie, Mikroelektronik und Telekommunikation. Außerdem ist man stolz darauf, Geburtsort des späteren Volkshelden und Präsidenten Andrew Jackson zu sein.

Im Mittelpunkt des gitterförmigen Straßennetzes der Innenstadt steht das 1840 im Greek Revival Style vollendete **State Capitol**. Dorische Säulen tragen den Portikus des kreuzförmigen Parlamentssitzes mit Kuppelrotunde. Gegenüber festigen zwei moderne Museen an der **Bicentennial Plaza** den Ruf Raleighs als ›Stadt der Wissenschaften‹. Das inte-

Die Universitätsstadt Raleigh beheimatet viele aufstrebende Forschungsinstitute

Dorische Säulen tragen den Portikus des North Carolina State Capitol

ressante **North Carolina Museum of History** (5 East Edenton St., www.ncmuseumofhistory.org, Mo–Sa 9–17, So 12–17 Uhr) stellt mit Hilfe von Alltagsgegenständen und Videos die Geschichte des Staates dar. Weitere Schwerpunkte liegen auf Folklore und Sport. Seit dem Jahr 2000 öffnete das **North Carolina Museum of Natural Sciences** (11 West Jones St., www.naturalsciences.org, Mo–Sa 9–17, Do bis 21, So 12–17 Uhr) gratis seine Pforten. Das moderne Naturkundemuseum präsentiert u.a. Mineralien, Edelsteine und Versteinerungen aus North Carolina.

Die im spanischen Missionsstil errichteten Hallen des **City Market**, Ecke Martin und Blount Street südöstlich des State Capitol, dienten 1914–57 als städtischer Markt. Mitte der 1980er-Jahre verwandelte ein buntes Potpourri von Geschäften und Lokalen die lange Zeit leer stehenden Gebäude in ein angesagtes Entertainmentviertel.

Westlich des Zentrums nahe der I-440 lockt das **North Carolina Museum of Art** (2110 Blue Ridge Rd., www.ncartmuseum.org, Di–Do, Sa/So 10–17, Fr 10–21 Uhr). Exponate aus Afrika und Ozeanien, Antiken aus Rom und Kostbarkeiten aus Ägypten sowie jüdische Kultobjekte liefern einen Querschnitt durch die Kunstgeschichte. Die bemerkenswerte Gemäldekollektion reicht von alten europäischen Meistern wie Peter Paul Rubens bis zu Georgia O'Keeffe und anderen amerikanischen Künstlern des 20. Jh. Ein interessanter Skulpturenpark umgibt das Museum.

Ausflug

Im 30 km nordöstlich von Raleigh gelegenen **Durham** (251900 Einw.) erzählen auf der **Duke Homestead State Historic Site** (www.nchistoricsites.org/duke, Di–Sa 9–17 Uhr) an der I-85 eine nachgebaute Farm und das *Tobacco Museum* aus dem Leben von James Buchanan Duke. Er hatte Ende des 19. Jh. aus den bescheidenen Tabakfeldern seines Vaters Washington Duke mit in Masse produzierten Zigaretten und massiver Werbung ein Imperium gemacht. Die durch Dumpingpreise verdrängten und aufgekauften Konkurrenzbetriebe schloss Duke unter dem Dach der *All American Tobacco Company* zusammen. Einen Teil seines Vermögens spendete der Magnat dem örtlichen College, aus dem 1924 die **Duke University** hervorging, eine der renommiertesten privaten US-Universitäten. Ihr Wahrzeichen ist die 1935 eingeweihte **Duke University Chapel** (www.chapel.duke.edu, während des Semesters tgl. 8–22, im Sommer 8–20, in den Ferien 8–17 Uhr) auf dem West Campus. 77 bunte Glasfenster zieren das im neogotischen Stil errichtete Monumentalbauwerk, wochentags um 17 Uhr erklingen auf dem 71 m hohen Turm 50 Glocken.

Das Herz der Südstaaten-Finanzwelt: Charlotte mit Bank of America Corporate Center

Praktische Hinweise

Information

Greater Raleigh Convention and Visitors Bureau, 500 Fayetteville St., Raleigh, Tel. 919/834-59 00, 800/849-84 99, www.visitraleigh.com

Restaurant

Big Ed's City Market Restaurant, 220 Wolfe St., Raleigh, Tel. 919/836-99 09, www.bigedscitymarket.com. Einfach, aber voller Lokalkolorit. Preiswerte regionale Gerichte wie Barbecue-Hähnchen oder Grits bestimmen die Karte (tgl. Frühstück und Lunch, Sa nur Frühstück).

29 Charlotte

›Queen City‹ mit einem Herz aus Gold.

In North Carolinas größter Metropole (810 000 Einw., Großraum 2,4 Mio. Einw.) thront auf einem Hügel das Stadtzentrum **Uphill** mit beeindruckender Skyline. Schottisch-irische Siedler gründeten den Ort in den 1730er-Jahren auf dem Piedmont Plateau. Wenig später folgten deutsche Einwanderer, die der Stadt den Vornamen der Ehefrau des englischen Königs George III., Sophia Charlotte von Mecklenburg-Strelitz, gaben. Zu den Stützen der stetig wachsenden Wirtschaft zählten nach den ersten **Goldfunden** 1799 *Bergbau*, dann auch *Textilindustrie* und *Eisenbahnbau*. Doch erst ab Mitte des 20. Jh. stieg die boomende Stadt zu einem Symbol des ›neuen‹ Südens auf. Wolkenkratzer aus Glas und Stahl wie das 265 m hohe **Bank of America Corporate Center** künden von Charlottes Bedeutung als dem nach New York wichtigsten US-Finanzzentrum.

Im Discovery Place von Charlotte kann man sich wie ein Astronaut im All fühlen

Im Angesicht der Skyline beschäftigt sich das kinderfreundliche Wissenschaftsmuseum **Discovery Place** (301 North Tryon St., www.discoveryplace.org, Mo–Fr 9–16, Sa 10–18, So 12–17 Uhr) in interaktiven Ausstellungen u. a. mit dem menschlichen Körper, der Raumfahrt, dem Rundfunk und Computern. Erwachsene schätzen die Riesenleinwand des IMAX-Kinos.

1837 wurde in Charlotte eine Münzprägestätte in Betrieb genommen, die mit Unterbrechung durch den Sezessionskrieg bis 1913 aktiv blieb. Ihren Namen trägt heute eines der geschätztesten Kunstmuseen des Südostens, das architektonisch außergewöhnlich innovativ konstruierte **Mint Museum Uptown** (500 S. Tryon St., Tel. 704/337-20 00, www.mintmuseum.org, Mi 11–21, Do–Sa 11–18, So 13–17 Uhr) in der Innenstadt, das bemerkenswerte Kunstkollektionen aus Amerika und Europa beherbergt. In dem Originalbau in Randolph, 8 km südöstlich von Uphill, befindet sich das Kunstmuseum **Mint Museum Randolph** (2730 Randolph Rd., Öffnungszeiten s.o.), in dem u.a. die amerikanische Malerei ab dem 18. Jh. sehr gut vertreten ist. Beide Ableger des Mint Museums verbindet der Mint to Mint Shuttle Bus (Mi 11–20, Fr 11–16 Uhr).

Ausflüge

15 km südlich von Charlotte lädt an der Grenze zwischen North und South Carolina der Vergnügungspark **Carowinds Water and Theme Park** (www.carowinds.com, Mitte Juni–Mitte Aug. tgl. 10–22 Uhr, sonst kürzer und nur Sa/So) zu einem Besuch ein. Die bunte Angebotspalette reicht von gemächlichen Touren mit dem Schaufelraddampfer über rasante Achterbahnfahrten bis zum **Carolina Harbor Waterpark**, dem größten Vergnügungsbad der Carolinas, mit großem Wellenbad, zahllosen rasanten Rutschen, Stränden und anderem abwechslungsreichem Entertainment.

Bei Concord, 30 km nordöstlich von Charlotte, verfolgen am **Charlotte Motor Speedway** (www.charlottemotorspeedway.com) regelmäßig Zehntausende Motorsportfreunde die spannenden Autorennen, im Mai findet hier ein NASCAR Stock-Car-Rennen statt. Die zweistündigen Speedway-Führungen (Mo–Sa 10.30 und 13.30 Uhr) schließen einen Trip auf dem rund 2,5 km langen Rundkurs des Motodroms ein. Im Umland liegen rund 50 Edelschmieden für NASCAR-Rennwagen (www.visitcabarrus.com). Dort können Fans Geschäfte und Ausstellungen besuchen, hochmoderne Rennwagen und Unfallautos bestaunen und sogar einen Blick in die Werkstätten werfen.

Die **Reed Gold Mine State Historic Site** (www.reedmine.com, April–Okt. Di–Sa 9–17 Uhr), 45 km östlich von Charlotte an der SR 27, erzählt die Geschichte des ersten Goldrauschs der USA. Die Schürferfamilie Reed hatte ihn 1804 ausgelöst, als sie einen fast 13 kg schweren Nugget fand. Einzelne Stollen der rund 20 Jahre später von den Reeds angelegten und 1912 wieder geschlossenen Mine sind heute für Führungen geöffnet. Ein ausgezeichnetes Visitor Center erläutert Schürftechniken, und man kann sich auch selbst am Goldwaschen versuchen. Wer dabei Edelmetall findet, darf es behalten.

i Praktische Hinweise

Information

Charlotte Visitor Info Center, 501 S. College St., Charlotte, Tel. 704/331-27 00, 800/231-46 36, www.charlottesgotalot.com

Parlamentssitz: South Carolina State House mit George-Washington-Reiterstatue

Hotel

*******The Duke Mansion**, 400 Hermitage Rd., Charlotte, Tel. 704/714-44 00, 888/202-10 09, www.dukemansion.com. Charmante historische Südstaatenvilla mit weißen Säulen, großer Veranda und 20 eleganten Gästezimmern.

Restaurant

Zebra Restaurant & WineBar, 4521 Sharon Rd., Charlotte, Tel. 704/442-95 25, www.zebrarestaurant.net. In dem eleganten Lokal gegenüber der South Park Mall wählt man zur modernen französischen Küche aus North Carolinas zweitgrößter Weinkarte mit 700 guten Tropfen.

30 Columbia

Beschauliche Bundeshauptstadt im ländlichen Herzen South Carolinas.

Im geografischen Mittelpunkt South Carolinas, wo Broad und Saluda River sich zum **Congaree River** vereinen und das Piedmont Plateau allmählich in die Küstenebene übergeht, wurde 1786 Columbia (131 700 Einw.) gegründet. Die **Hauptstadt** war am grünen Tisch geplant worden, als Kompromiss zwischen den Plantagenbesitzern der Ebene und den Kleinbauern des Plateaus. Letztere hatten sich in der bisherigen Kapitale Charleston benachteiligt gefühlt. Keine zwei Monate vor Ende des Sezessionskrieges erlebte die aufstrebende Stadt 1865 ihre schwärzeste Stunde, als Nordstaatentruppen unter General William T. Sherman Columbia weitgehend in Schutt und Asche legten.

Im Zentrum der rasterartig angelegten Straßen von Downtown befindet sich an der Main Street zwischen Gervais und Pendleton Street das **South Carolina State House** 1 (www.scstatehouse.gov, Führungen tgl. 9.30–15.30, jew. zur halben Stunde, außer 12.30 Uhr). Mit Unterbrechungen durch den Sezessionskrieg wurde an dem Parlamentssitz im Italian Renaissance Revival Style 1855–1907 gebaut. Eine markante Kupferkuppel krönt

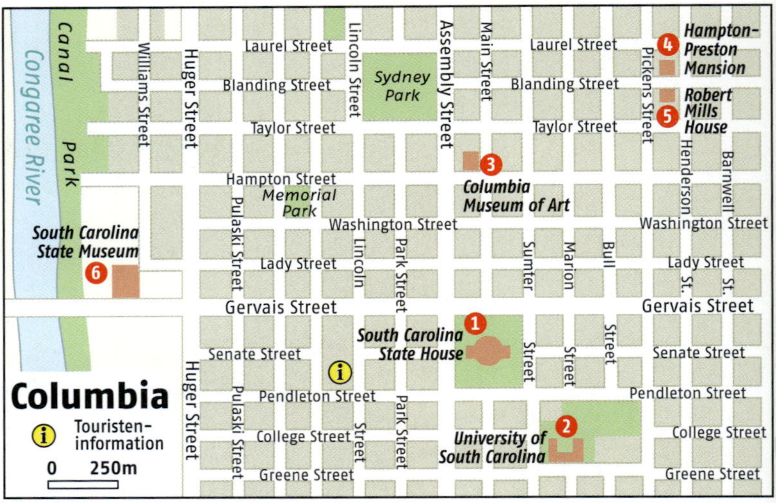

das mächtige Gebäude aus bläulichem Granit. Südöstlich schließt sich der Campus der 1801 gegründeten **University of South Carolina** 2 mit den hübschen, aus Backstein gemauerten Universitätsgebäuden im Federal Style an. Ihrer hufeisenförmigen Anordnung verdankt die Alma Mater den Spitznamen *Horseshoe*.

Nördlich des State House präsentiert an der Ecke Main und Hampton Street das **Columbia Museum of Art** 3 (www.columbiamuseum.org, Di–Fr 11–17, Sa 10–17, So 12–17 Uhr) sehr gute Kunstausstellungen. Im Obergeschoss verdienen die italienischen Renaissance- und Barockbilder, u. a. von Botticelli, sowie die Gemälde des 19. Jh. die größte Aufmerksamkeit.

Einige Häuserblocks weiter östlich erbaute der Kaufmann Ainsley Hall 1818 in der Blanding Street das zweistöckige **Hampton-Preston Mansion** 4 (1615 Blanding St., www.historiccolumbia.org, Tickets beim Robert Mills House, s. S. 105, Führungen Di–Sa 11, 13, 15, So 14, 16 Uhr).

Das South Carolina State Museum residiert in den ehemaligen Räumen einer Textilfabrik

Der Congaree National Park scheint auf den ersten Blick ausgesprochen einsam zu sein, doch das naturbelassene Überschwemmungsgebiet ist die Heimat vieler seltener Tierarten

Dorische Säulen stützen die Veranda, über deren gesamte Länge sich der Balkon des 1. Stocks zieht. Bereits 1823 kaufte Wade Hampton, einer der reichsten Männer der USA, das prachtvolle Haus. Aus dem Nachlass der Familie Hampton und der ebenso mächtigen, verschwägerten Familie Preston stammt ein Großteil des ausgestellten wertvollen Mobiliars.

Auf der gegenüberliegenden Straßenseite ließ sich Ainsley Hall 1823 von Architekt Robert Mills das noch größere **Robert Mills House** 5 (1616 Blanding St., www.historiccolumbia.org, Führungen Di–Sa 10, 12, 14, So 13, 15 Uhr) errichten. Mit der Backsteinfassade und dem ionischen Portikus steht es für den Übergang vom Federal zum Greek Revival Style.

Bei ihrer Inbetriebnahme 1894 war die *Columbia Mill* am Ufer des Congaree River die erste durchgängig elektrifizierte Textilfabrik der Welt. Nach der Stilllegung 1981 fand das **South Carolina State Museum** 6 (Tel. 803/898-4921, 301 Gervais St., www.museum.state.sc.us, So/Mo und Mi–Fr 10–17, Di 10–20, Sa 10–18 Uhr) in den großen Werkshallen ein ideales Ausstellungsgebäude. Die vier Bereiche des Museums widmen sich Naturgeschichte, Wissenschaft, Technologie und Geschichte des Bundesstaates.

TOP TIPP

Ausflug

Auf der SR 48 erreicht man den rund 30 km südöstlich von Columbia gelegenen **Congaree National Park** (www.nps.gov/cong). Das 1976 am Congaree River eingerichtete, 89 km² große Naturschutzgebiet ist kein Sumpf, sondern ein Urwald, der in weiten Teilen aus heute seltenen Sumpfzypressen, Laubbäumen und bis zu 50 m hohen Kiefern besteht und mehrmals im Jahr vom Congaree River überflutet wird. Vom Visitor Center (tgl. 9–17 Uhr) am Parkeingang führen rund 40 km bestens markierte Wanderwege ins Reich der Luchse, Eulen und Spechte.

i Praktische Hinweise

Information

Columbia Regional Visitor Center 1101 Lincoln St., Columbia, Tel. 803/545-0002, 800/264-4884, www.columbiacvb.com

Restaurant

Blue Marlin Steaks & Seafood, 1200 Lincoln St., Columbia, Tel. 803/799-3838, www.bluemarlincolumbia.com. Reichhaltige Speisekarte mit Steak-, Fisch- und Muschelgerichten sowie vielen Spezialitäten der Südstaaten, dazu Weine und Cocktails.

Atlantikküste – sandige Strände, nostalgische Städte

Menschenleere Meeresufer wechseln sich ab mit gut besuchten Ferienzentren, und elegante Villen prägen historische Hafenstädte – so präsentiert sich die amerikanische Atlantikküste von **North Carolina** bis **Georgia**. Lang gestreckte Sandstrände mit den höchsten Dünen der gesamten Küste charakterisieren die Inseln von North Carolinas **Outer Banks** mit dem Naturschutzjuwel **Cape Hatteras National Seashore**. Wie ein Magnet zieht das pulsierende **Myrtle Beach**, South Carolinas Urlaubsort Nr. 1, Gäste an seine strahlend weißen Strände. Georgias **Golden Isles** wiederum pflegen das Flair exklusiver Urlaubs- und Golfparadiese.

Bedeutende Hafenstädte wie **Wilmington**, **Charleston**, **Beaufort** oder **Savannah** beherbergen wahre architektonische Schätze. Liebevoll restauriert, warten prachtvolle Herrenhäuser in subtropischen Gärten und stattliche Geschäftshäuser aus dem 18. und 19. Jh. auf Besucher. Hoch her geht es in manchen alten Lagerhäusern, die schicke Geschäfte, noble Restaurants und einladende Lokale mit neuem Leben füllen.

31 Outer Banks

Pioniere, Piraten und frühe Flieger.

Über mehr als 200 km erstrecken sich die Outer Banks, eine meist nur 2–3 km breite Kette aus Nehrungsinseln im Atlantik unmittelbar vor der Küste North Carolinas. Über Brücken ist vom Festland aus der Highway 12 zu erreichen. Er ist die einzige Straße der Outer Banks und führt entlang der drei Inseln **Bodie**, **Hatteras** und **Ocracoke**, die als *Cape Hatteras National Seashore* in weiten Teilen unter Naturschutz stehen. Historisch Interessierte unternehmen gerne einen Ausflug auf die 1,5 km westlich gelegene Insel **Roanoke** zur *Fort Raleigh National Historic Site*. Dort wurde 1585 unter der Ägide von Sir Walter Raleigh die kurzlebige erste englische Siedlung in Nordamerika angelegt.

Die nördliche Hälfte von **Bodie Island** liegt außerhalb des Naturschutzgebietes. Dort blüht um die quirligen Städtchen Nags Head, Kill Devil Hills und Kitty Hawk eine dichte touristische Infrastruktur. An kilometerlangen *Sandstränden* treffen sich Angler, Surfer, Kanuten sowie zahlreiche Schwimmer und Badefreunde. Mit einem 18 m hohen, schlichten Granitmonument erinnert das **Wright Brothers National Memorial** in **Kill Devil Hills** an die Brüder Orville und Wilbur Wright, Pioniere der Luftfahrt. Am 17. Dezember 1903 gelang Orville an dieser Stelle der seither von Historikern erste als solcher anerkannte und dokumentierte kontrollierte Motorflug der Geschichte: Mit dem 12-PS-Flugzeug ›Flyer‹ hob er sich 12 Sekunden in die Luft und überwand dabei eine Strecke von 37 m. Im vierten Flugversuch am selben Tag erreichte Wilbur bereits 260 m. Reproduktionen des ersten Flugzeugs, der 1902 als Vorgängerin getesteten Gleitmaschine sowie der Werkstatt der Gebrüder Wright zeigt das **Visitor Center** (www.nps.gov/wrbr, Mitte Juni–Anf. Sept. tgl. 9–17 Uhr) neben dem damaligen Flugfeld.

Der für das Fliegen wichtige Wind vom Meer her hat auch die Wanderdünen bei **Nags Head** geformt. Sie sind in dem 170 ha umfassenden **Jockeys Ridge State Park** (www.jockeysridgestatepark.com, Mai–Aug. tgl. 8–21 Uhr, sonst kürzer) mit bis zu 30 m die höchsten an der gesamten Ostküste der USA. Viel Farbe und Bewegung in die helle Sandlandschaft bringen **Dra-**

chenflieger, die es mit ihren leichten Fluggeräten den Wright Brothers nachtun. Eintägige Anfängerkurse beginnen direkt unterhalb der Düne. Am Südende von Bodie Island gehört der fast blütenweiße, feinsandige **Coquina Beach** zu den schönsten Badestränden der Outer Banks. Weit entfernt von der nächsten Ansiedlung geht er in der brisenumwehten Einsamkeit sachte ins Meer über.

Mehrere wildromantische Dünenlandschaften mit Zugang zu vielen einladenden Badestränden faszinieren auch auf den beiden anderen Inseln. Eine Brücke über die Meerenge *Oregon Inlet* führt von Bodie nach **Hatteras Island**. Zwischen Avon und Buxton liegt **Canadian Hole**, das beste Windsurfrevier an dieser Küste. Markantestes Wahrzeichen der Outer Banks ist das 1880 erbaute, spiralförmig schwarz-weiß gestreifte **Cape Hatteras Lighthouse** (www.outerbanks.org, Ende Mai–Anfang Sept. tgl. 9–17.30 Uhr, sonst kürzer) 1,5 km südlich von Buxton. Nach 248 Stufen erreicht man die Aussichtsetage des mit 63 m höchsten Leuchtturms der USA. 1999 versetzte man ihn wegen des immer näher rückenden Meeres um rund 880 m landeinwärts. Vor der hiesigen Küste tragen die **Diamond**

Nach seinem ›Umzug‹ vom Strand ins Landesinnere steht das spiralgestreifte Cape Hatteras Lighthouse wellengeschützt und sicher

Shoals, sich schnell verändernde Sandbänke und Untiefen östlich von Cape Hatteras, ihren Beinamen ›Friedhof des Atlantiks‹ nicht umsonst. Mehr als 600 Schiffe sind hier seit dem 16. Jh. auf Grund

Abheben zum Rundflug über die Outer Banks: Die bis zu 30 m hohen Wanderdünen von Nags Head im Jockeys Ridge State Park eignen sich gut als Startbahn für Gleitschirmflieger

Das Wright Brothers National Memorial in Kill Devil Hills erinnert an den ersten erfolgreichen, historisch dokumentierten Motorflug der Wright Brothers

gelaufen – kein Wunder, dass sich hier heute beliebte Tauchgründe befinden. Die neueste Entdeckung ist die *Queen Anne's Revenge*, wahrscheinlich das Flaggschiff des Piraten Blackbeard. Der Freibeuter hatte auf den einsamen Outer Banks Zuflucht gesucht, war aber 1718 von der britischen Marine gestellt und im Kampf enthauptet worden.

Eine 40-minütige kostenlose Fährfahrt führt vom Hafen Hatteras zur Nachbarinsel **Ocracoke**. Dort liegt das gleichnamige Fischerdorf malerisch am kleinen *Silver Lake* nahe der Südwestküste. Der einzige Ort der Insel ist Fährhafen zum Festland. Mit seinen niedrigen Holzhäuschen und den sandüberwehten Straßen macht er einen verträumten Eindruck. Dazu trägt auch das 1823 in angedeutet konischer Form erbaute *Ocracoke Lighthouse* am baumbestandenen Meeresufer bei, einer der dienstältesten Leuchttürme North Carolinas.

i Praktische Hinweise

Information

Outer Banks Visitors Bureau, One Visitors Center Circle, Manteo, Roanoke Island, Tel. 252/473-21 38, 877/629-43 86, www.outerbanks.org

Hatteras Island Visitors Center, 46379 Lighthouse Road, Buxton, Tel. 252/995-44 74, www.nps.gov/caha

Fähren

NCDOT, Tel. 800/293-37 79, www.ncferry.org, allgemeine Informationen

Ocracoke Ferry, Tel. 800/345-16 65, www.ocracokeisland.com, 40 minütige Überfahrt nach Ocracoke, kostenlos.

Hotels

******Cypress Moon Inn Bed & Breakfast**, 1206 Harbor Court, Kitty Hawk, Tel. 252/261-50 60, 877/905-50 60, www.cypressmooninn.com. Drei Zimmer in gemütlichem B&B am Wasser.

****Ramada Plaza Nags Head Beach**, 1701 South Virginia Dare Trail, Kill Devil Hills, Tel. 252/441-21 51, 800/635-18 24, www.ramadaplazanagshead.com. Hotel direkt am Nags Head Beach, unweit des Jockey Ridge State Park.

Restaurant

Back Porch, 110 Back Rd., Ocracoke, Tel. 252/928-64 01, www.backporchocracoke.com. Eines der populärsten Fischrestaurants der Outer Banks. Legerelegantes Ambiente und kreative Küche Nur Dinner, keine Reservierungen.

32 Wilmington

Filmreif und fotogen.

Wilmington (113700 Einw.), North Carolinas größte Stadt an der Atlantikküste, glänzt mit ansprechenden alten Häusern, Filmstudios und exzellenten Sandstränden. Das bereits 1732 an der weit ins Land hineinreichenden Mündung des *Cape Fear River* gegründete Wilmington war im Sezessionskrieg der einzige bedeutende, nicht von Unionstruppen besetzte Südstaatenhafen der Region. *Blockade runners* wurden die mutigen Kapitäne genannt, die immer wieder die Küstenblockade der Unionsmarine durchbrachen und Wilmington mit lebenswichtigen Gütern versorgten. Kurz vor Kriegsende wurde der Hafen dann doch noch eingenommen.

Das Herz der Altstadt mit gut erhaltenen Gebäuden des 18. und 19. Jh. schlägt an der Kreuzung der parallel zum Cape Fear River verlaufenden Front Street mit der Market Street. Kopfsteingepflasterte Straßen führen durch den **Historic District** und zu den restaurierten Lagerhäusern am Flussufer. Zu ihnen gehören der Komplex der **Cotton Exchange** (321 North Front St., www.shopcottonexchange.com), die ehem. Baumwollbörse, sowie **Chandler's Wharf** (225 Water St., www.chandlerswharfshops.com), wo heute statt Baumwoll- und Tabakballen trendige Geschäfte und Restaurants Platz finden. Ein Vorzeigestück der Antebellumarchitektur in Wilmingtons Innenstadt ist das von 14 weißen, korinthischen Säulen umrahmte **Bellamy Mansion Museum of History & Design Arts** (503 Market St., www.bellamymansion.org, Di–Sa 10–17, So 13–17 Uhr). Die am Vorabend des Sezessionskriegs erbaute 22-Zimmer-Residenz des Plantagenbesitzers Dr. John D. Bellamy vereint Stilelemente des Greek Revival und des Italianate Style.

Als mächtiger, grauer Blickfang ruht seit 1961 das Schlachtschiff **USS North Carolina** (www.battleshipnc.com, Mitte Mai–Mitte Sept. tgl. 8–20, sonst bis 17 Uhr) am Ufer des Cape Fear River gegenüber dem Stadtzentrum. Das schwimmende militärische Denkmal wurde 1940 gebaut, nahm während des Zweiten Weltkrieges mit 2300 Mann Besatzung an allen größeren US-Offensiven im Pazifik teil – und überstand sie unbeschadet.

Zu Bootstouren auf dem Fluss lädt der restaurierte Dampfer ›**Henrietta III**‹ (101 S. Water St., Tel. 910/343-1611, www.cfrboats.com).

Auf gänzlich anderem Gebiet erwarb Wilmington Ende des 20. Jh. überraschenden Ruhm: 1983–84 drehten erstmals Filmcrews in der Stadt: ›Carrie‹ mit Drew Barrymore nach dem Roman von Stephen King. Es folgten weitere Filme, bald wurde sogar ein Studio eröffnet. Und ehe man sich versah, war Wilmington – preiswert, mit angenehmem Klima und fotogenen Häusern – nach Los Angeles und New York zur größten **Filmstadt** der USA geworden, in der Kinofilme wie ›Hannibal‹, TV-Serien, Werbung und Musikvideos entstanden. **Screen Gems**, das größte US-Filmstudio außerhalb Kaliforniens, hat 2015 leider seine Führungen eingestellt. Weitere Vorschläge für Besichtigungstouren oder Führungen an ehemaligen Drehorten und Filmsets liefert das Tourismusbüro [s. S. 110].

Obwohl ausgemustert, zählt die USS North Carolina noch lange nicht zum alten Eisen

Einen ihrer größten Trümpfe hält Wilmington mit den Küstengemeinden *Wrightsville Beach*, *Carolina Beach* und *Kure Beach* in Händen, deren feine, helle Sandstrände zu den schönsten des Südens zählen. 19 km östlich der Stadt etwa beginnt der freundliche **Wrightsville Beach**. Der vor allem bei Familienurlaubern beliebte Strand auf einer 8 km langen, schmalen Nehrung bietet vielfältige Wassersport- und Freizeitangebote, Restaurants und Unterkünfte in den verschiedensten Preisklassen – eben alle Annehmlichkeiten für einen genussvollen Badeurlaub.

TOP TIPP

i Praktische Hinweise

Information

Wilmington and Beaches Convention & Visitors Bureau, 505 Nutt St., Wilmington, Tel. 910/341-40 30, 877/406-23 56, www.wilmingtonandbeaches.com

Hotel

***Blockade Runner Beach Resort**, 275 Waynick Blvd., Wrightsville Beach Island, Tel. 910/256-22 51, 800/541-11 61, www.blockade-runner.com. Hotelzimmer mit Meeresblick. Üppiges Frühstücksbuffet. Sandstrand vor dem Haus, Boots- und Fahrradverleih sowie Angebote zum Angeln, Tauchen und Segeln.

Feinster weißer Sand ist das Markenzeichen des Wrightsville Beach bei Wilmington

Restaurant

Elijah's Restaurant, 2 Ann St., Wilmington, Tel. 910/343-14 48, www.elijahs.com. Fisch- und Muschelrestaurant im historischen Innenstadtbereich. Spezialität Austern. Außenterrasse am Cape Fear River.

33 Myrtle Beach

Weite Sandstrände und einige der besten Golfplätze der USA.

Feine, weiße Sandstrände bilden den rund 100 km langen **Grand Strand**, der von der Grenze zwischen North und South Carolina bis Georgetown reicht. Touristisches Zentrum dieses Küstenabschnitts ist das quirlige **Myrtle Beach**, eines der populärsten Urlaubsziele an der US-amerikanischen Atlantikküste. Während der sommerlichen Urlaubszeit übersteigt die Zahl der Gäste die der rund 30 000 Einheimischen um mehr als das 12-Fache, doch finden alle reichlich Platz am scheinbar grenzenlosen Strand. Man kann baden wandern, sich aber auch im Hochsee-

TOP TIPP

Paul Howard Manship schuf die Skulptur der Jagdgöttin Diana in den Brookgreen Gardens, einem Skulpturengarten südlich von Myrtle Beach

angeln und Tauchen üben oder ein Motorboot mieten, mit knallbunten Jetskis über die Wellen sausen oder am Gleitschirm durch die Lüfte segeln. Im **Myrtle Waves Water Park** (www.myrtlewaves.com, Juni–Aug. Do–Di 10–18.30, Mi 10–21 Uhr) an der 10th Avenue sorgen Wasserrutschen, Flusslandschaften und ein Wellenbad für noch mehr Kurzweil, diesmal im Süßwasser.

Mit über 100 erstklassigen Golfplätzen im näheren Umland gilt Myrtle Beach als amerikanisches **Golferparadies**. Das Angebot an kunstvoll angelegten 18-Loch-Greens lässt keine Wünsche offen. Hochsaison der Golfer ist im Frühjahr und Herbst außerhalb der Sommerferien.

Am **Broadway at the Beach** (www.broadwayatthebeach.com) haben sich rund 100 Geschäfte, zahlreiche Restaurants, Attraktionen, Nachtclubs und drei Hotels zu einer Freizeitmeile versammelt. Besonders spannend ist hier **Ripley's Aquarium** (1110 Celebrity Circle www.ripleysaquarium.com, So–Do 9–20, Fr/Sa 9–21 Uhr), wo man in eine Welt tropisch-bunter Fische und exotischer Meerestiere eintaucht. Zu den Glanzpunkten gehört ein riesiges Becken mit Haien, Moränen und Tintenfischen, das Besucher in einem Acrylglastunnel durchqueren können.

Nachts erstrahlt das Ferienparadies ganz in Neon. ›Sehen und gesehen werden‹ heißt die Devise, wenn sich noch um Mitternacht Fußgänger und Cabrios durch Downtown schieben. Darüber hinaus weist Myrtle Beach ein breitgefächertes Angebot an abendlichem Entertainment auf. Dazu zählt das **Alabama Theatre** (Tel. 205/252-22 62, www.alabamatheatre.com), das Teil des Restaurant-, Geschäfts- und Entertainmentzentrums *Barefoot Landing* am US Highway 17 South ist. Auf der Theaterbühne werden häufig Konzerte gegeben – von Country über Gospel bis Bluegrass.

Ausflüge

In der Fischergemeinde **Murrells Inlet** im Marschland 25 km südlich von Myrtle Beach liegen am Highway 17 auf dem Land von vier ehem. Reisplantagen die **Brookgreen Gardens** (www.brookgreen.org, tgl. 9.30–17 Uhr, im Sommer länger), ein von der Bildhauerin Anna Hyatt Huntington in den 1930er-

Zuckerbäckerstil und Puppenstubenatmosphäre im Historic District von Charleston

Jahren entworfener Skulpturengarten. Vor dem Hintergrund moosbehangener Eichen und im Frühjahr verschwenderisch blühender Azaleen ist mit über 540 Statuen und Skulpturen aus dem 19. und 20. Jh. die größte Open-Air-Skulpturensammlung in den USA geschmackvoll in Szene gesetzt. Daneben gibt es auch einen kleinen *Wildpark* mit Otterteich und Alligatorensumpf.

Durch seinen restaurierten Ortskern mit Häusern aus dem 18./19. Jh. und den uralten Eichen wirkt **Georgetown** (9000 Einw.), South Carolinas drittälteste Stadt, besonders reizvoll. Am *Harborwalk* längs des Sampit River scheint die Zeit stehen geblieben zu sein. Man glaubt, die ersten Siedler vor sich zu sehen, die 1729 in diesen Hafen gesegelt kamen und bald darauf begannen, in der marschigen Wildnis Reis anzubauen. Schon 1840 produzierte die wasserreiche, fruchtbare Region um Georgetown rund die Hälfte des in den USA konsumierten Reises.

Eine gelungene Mischung gemütlicher Cafés, Restaurants und charmanter Stöberläden hinter pastellfarbenen Fassaden verleiht der Front Street dieses Hafenstädtchens am Südende des ausgedehnten Strandes *Grand Strand* ein freundliches Flair. Wahrzeichen von Georgetown ist der markante Uhrturm des *Old Market*, einem 1842 entstandenen Backsteingebäude, in dem heute das **Rice Museum** (633 Front St., www.ricemuseum.org, Mo–Sa 9.30–16.30 Uhr) beheimatet ist. Es schildert mithilfe von Karten, Dioramen und Modellen die Geschichte der Reiskultivierung in South Carolina.

i Praktische Hinweise

Information

Myrtle Beach Info Center, 1200 N. Oak St., Myrtle Beach, Tel. 843/626-7444, 800/356-3016, www.visitmyrtlebeach.com

Hotel

*****Forest Dunes Resort**, 5511 N. Ocean Blvd., Myrtle Beach, Tel. 800/303-7397, www.forestdunes.com. Komfortables Apartmentmotel direkt am Sandstrand. Viele Zimmer mit Panoramablick, alle mit Miniküche.

Restaurant

House of Blues Restaurant, 4640 US Hwy. 17 S., Barefoot Landing, Tel. 843/272-3000, www.houseofblues.com/myrtlebeach. Jambalaya, Gumbo, Grits, gebratener Wels und andere Südstaatengerichte sowie Grillspezialitäten. Abendliche Livemusik in der Bar, große Konzerthalle für Blues und Rock.

34 Charleston

Charmante Traumstadt des alten Südens.

Charleston (130100 Einw.) besitzt eine in den USA einzigartige Altstadt mit Architektur aus dem 18. und 19. Jh. Die restaurierten Villen der Pflanzer- und Händlerelite künden noch heute von den ›goldenen Zeiten‹ als Hafenstadt, Sklaven- und Baumwollmarkt.

Geschichte Der Ort wurde 1670 auf einer Halbinsel zwischen den beiden in den Atlantik mündenden Flüssen Ashley und Cooper River von englischen Siedlern als **Charles Towne Landing** gegründet. Die älteste Siedlung in South Carolina entwickelte sich schnell zum Umschlagplatz für Tabak, Reis, Indigo und Baumwolle von den umliegenden Plantagen. Bereits 1776 war sie die viertgrößte Stadt der USA, mehr als die Hälfte der damals 12 000 Einwohner waren Schwarze. Im April 1861 wurden bei Charleston die ersten Schüsse des **Sezessionskrieges** abgegeben: Weil Unionssoldaten das an der Hafenmündung gelegene **Fort Sumter** auf konföderiertem Boden besetzt hielten, beschoss die Südstaatenartillerie die Festung und zwang sie nach zwei Tagen zur Kapitulation. Am 1. Februar 1865 revanchierte sich die Nordstaaten-Armee mit dem Einmarsch in die Stadt und schlimmen Verwüstungen. Das **Altstadtviertel**, heute ein Touristenmagnet ersten Ranges, verdankt sein Bestehen dem allmählichen wirtschaftlichen Niedergang Charlestons nach dem Krieg, denn es fehlte das Kapital zur Modernisierung.

Historic District

Die meisten historischen bürgerlichen Wohnhäuser in Charleston besitzen eine über ein oder zwei Seiten verlaufende Veranda. Sie heißt hier *Piazza* und war als großes, Kühlung spendendes Freiluftzimmer bereits seit Beginn des 18. Jh. Standard. An der Landspitze von Charleston und in Hafennähe ließ der Werftbesitzer

TOP TIPP

Charles Edmondston 1828 das **Edmondston-Alston House** 1 (21 East Battery, www.edmondstonalston.com, Di–Sa 10–16.30, So–Mo 13–16.30 Uhr) im Federal Style errichten. Der spätere Besitzer Charles Alston modifizierte die Fassade im Greek Revival Style mit weißen korinthischen Säulen auf der *Piazza*. Als eine der wenigen Villen in Charleston ist das Edmondston-Alston House noch weitgehend mit Originalmobiliar ausgestattet.

In der nahen **Meeting Street** 2, der Hauptverkehrsachse der Altstadt, befindet sich das 1876 für den Händler und Bankier George Walton Williams im viktorianischen Stil erbaute **Calhoun Mansion** 3 (16 Meeting St., www.calhounmansion.net, März–Nov. tgl. 11–17 Uhr). An Decken und Wänden im ersten und zweiten Stockwerk sind ornamentale Stuck- und Holzarbeiten zu bewundern. Der Ballsaal mit dem 14 m hohen gläsernen Oberlicht war einst Schauplatz rauschender Feste.

300 m nördlich liegt ebenfalls an der Meeting Street das 1809 in typischem Federal Style errichtete **Nathaniel Russell House** 4 (www.historiccharleston.org, Mo–Sa 10–17 Uhr, So 14–17 Uhr), das einem wohlhabenden Händler gehörte. Die über drei Stockwerke reichende, ellipsenförmige Wendeltreppe und das in Charleston gefertigte Mobiliar aus dem frühen 19. Jh. bestimmen das Interieur.

An der Ecke zur Broad Street ragt als Wahrzeichen der Stadt der 55 m hohe, schlanke, weiße Kirchturm der **St. Michael's Episcopal Church** 5 (www.stmichaelschurch.net, Mo–Do 9–16, Fr 9–15, Sa 8.30–12 Uhr) empor, gekrönt von einer vergoldeten Wetterfahne. In dem ältesten Kirchengebäude Charlestons wurde 1761 nach neunjähriger Bauzeit der erste Gottesdienst abgehalten.

Historische bürgerliche Wohnhäuser in der kolonialen Hafenstadt Charleston

In der historischen Market Hall von Charleston locken neben Frisch- und Gemischtwaren auch Souvenirs wie etwa Panamahüte

Etwas südöstlich davon liegt die Church Street. Das Haus mit der Nr. 87, das **Heyward-Washington House** 6 (www.charlestonmuseum.org, Mo–Sa 9–17, So 13–17 Uhr) war 1772 das großzügige Geschenk des Reispflanzers Daniel Heyward an seinen Sohn Thomas Heyward Jr., einen der Unterzeichner der Unabhängigkeitserklärung. Hinter der strengen Backsteinfassade im Georgian Style verbirgt sich erstklassiges historisches Mobiliar, das zumeist aus Mahagoni gefertigt ist. Nebenan erlangten die dreistöckigen, schlichten Doppelhaushälften aus verputzten Ziegeln der **Cabbage Row** 7 literarischen Ruhm. Hier boten einst die schwarzen Bewohner *Cabbage*, Kohl, zum Verkauf an. Die Szenerie fand unter dem Namen ›Catfish Row‹ Aufnahme in DuBose Heywards Novelle *›Porgy‹*, (1925) und diese war Grundlage für George Gershwins Oper *›Porgy and Bess‹* (1935).

Im nördlichen Drittel der Church Street lädt das **Dock Street Theatre** 8 (Tel. 843/577-71 83, www.charlestonstage.com) zum Besuch einer Vorstellung ein. 1736 war an dieser Stelle eines der ersten Schauspielhäuser auf amerikanischem Boden eröffnet worden, das 1809 durch das *Planter's Hotel* ersetzt wurde. Der prestigeträchtige Bau mit dem mächtigen, von fünf Säulen getragenen, schmiedeeisernen Balkon über dem Eingang avancierte bald zum Treffpunkt der reichen Händler und Pflanzer. Nach dem Sezessionskrieg allmählich verfallen, renovierten die Stadtväter das Gebäude in den 1930er-Jahren, gestalteten es um und eröffneten es 1937 unter dem heutigen Namen erneut als Theater. Gegenüber strebt der Turm der **French Huguenot Church** 9 (44 Queen St., www.huguenot-church.org, Führungen im Frühjahr und Herbst, Mo–Do 10–16, Fr 10–13 Uhr und nach der Sonntagsmesse) empor, eine der letzten Hugenottenkirchen im Lande. Das 1844–45 erbaute Gotteshaus ist ein feines Beispiel gotisch inspirierter Architektur in den USA.

Wieder an der Meeting Street lockt das **Gibbes Museum of Art** 10 (www.gibbesmuseum.org, Di–Sa 10–17, So 13–17 Uhr)

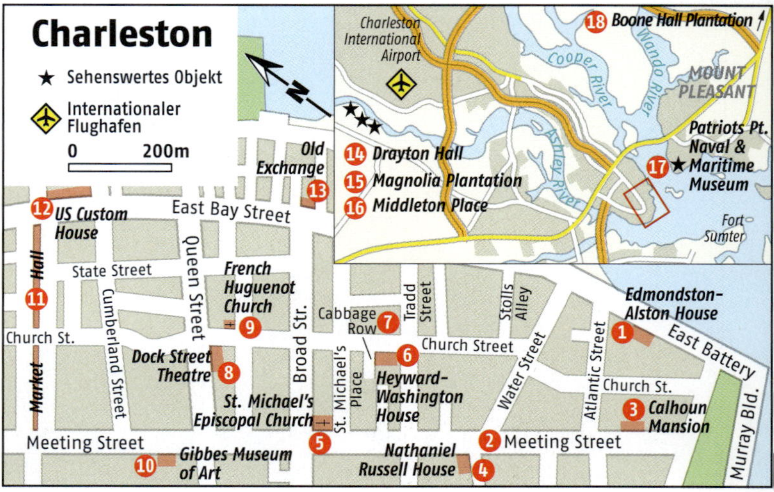

Ein blühender Garten umgibt das Herrenhaus der Magnolia Plantation von Charleston

mit außergewöhnlichen amerikanischen Bildern, darunter von Benjamin West und Rembrandt Peale gemalte Porträts sowie regionale Landschaftsdarstellungen von Alice Ravenel Huger Smith und Anna Heyward Taylor.

Zwei Blocks zwischen Meeting und Bay Street nehmen die lang gestreckten Gebäude der 1841 erbauten **Market Hall** 11 ein. Wochentags bieten Farmer hier Obst, Gemüse und Fleisch an, ein ebenfalls stattfindender Gemischtwarenmarkt ist eine Fundgrube für Andenkensammler. Auch abends ist das von vielen Kneipen umgebene Viertel belebt. Einst reichte übrigens das Wasser der Charleston Bay bis hierher und gab so der damaligen Hafenfront an der East Bay Street, seinerzeit eine gute Geschäftsadresse, ihren Namen. Hier liegt, gegenüber dem östlichen Ende des Marktes, das einstige **US Custom House** 12, das 1853–79 erbaute, imposante Zollhaus aus Marmor. Etwas weiter südwärts eröffnete 1771 der Handelsplatz für Reis, Indigo und andere Produkte aus South Carolina, heute als **Old Exchange** 13 (www.oldexchange.com, tgl. 9–17 Uhr) restauriert. Im dortigen Keller befand sich *Provost Dungeon*, das Verlies des Militärkommandeurs, in dem die Briten während des Unabhängigkeitskrieges aufsässige Kolonisten, u.a. drei Unterzeichner der Unabhängigkeitserklärung, gefangen hielten.

Herrenhäuser im Umland

Die meisten der fruchtbaren Plantagen und der dazugehörigen Wohnsitze lagen in unmittelbarer Umgebung von Charleston entlang des Ashley River. So auch das 1738–42 für John Drayton und Familie erbaute **Drayton Hall** 14 (3380 Ashley River Rd., www.draytonhall.org, März–Okt. Mo–Sa 9–17, So 11–17 Uhr). Exemplarisch für den klaren, schnörkellosen Georgian Style sind die weißen Säulen und der Dreiecksgiebel über dem Eingang. Als einziges Haus am Fluss wurde Drayton Hall 1865 nicht von Unionstruppen zerstört oder beschädigt. Bis 1974 wurde es von Nachkommen der Draytons bewohnt, die niemals Wasser- und Elektroanschlüsse oder gar Zentralheizung verlegen ließen. Bei der Ausstattung als Museum wurde auf Möblierung verzichtet, so kommen architektonische Details wie die ornamentale, handgearbeitete Gipsdecke und die versteckte Treppe für die Diener besser zur Geltung.

An das Land der *Drayton Plantation* schließt sich flussaufwärts die **Magnolia Plantation** 15 (www.magnoliaplantation.com, Mitte März–Ende Okt. tgl. 8–17.30,

Der Park von Middleton Place direkt am Ashley River lädt zu ausgedehnten Spaziergängen ein

sonst 9–16.30 Uhr) an. Seit über 300 Jahren befindet sich die ehemalige Reisplantage in Familienbesitz. Neben dem Herrenhaus im Greek Revival Style beeindruckt ein alter Garten. Außerdem kann man im Rahmen einer informativen Führung die einstigen Sklavenquartiere auf der Plantage besichtigen. Den attraktiven, von Zypressen bestandenen Sumpf in den **Audubon Swamp Gardens** an der Plantagenzufahrt kann man trockenen Fußes auf Stegen und Deichen überqueren.

Am oberen Ashley River, rund 23 km nordwestlich von Charleston, besitzt TOP TIPP **Middleton Place** 16 (www.middletonplace.org, tgl. 9–17 Uhr) einen der ältesten und zugleich schönsten französischen Gärten der USA. Der Park mit seinen Rasenterrassen, schmetterlingsförmigen Teichen, herrlichen Blumenrabatten und Flanierwegen entstand Mitte des 18. Jh. Etwa 100 Sklaven waren 10 Jahre mit dem Bau beschäftigt. Das Herrenhaus wurde 1865 von Unionstruppen in Brand gesteckt, lediglich der 1755 als Gästehaus erbaute Südflüge blieb erhalten. Gleich hinter dem Eingang zur Plantage stellen ein historisch gekleideter Schmied, ein Zimmermann ein Weber und ein Töpfer Handwerkstechniken aus dem 19. Jh. vor.

Auf der östlichen Seite des Cooper River bieten sich zwei Ziele an. Zu den Attraktionen des altstadtnahen **Patriots Point Naval & Maritime Museum** 17 (www.patriotspoint.org, tgl. 9–18.30 Uhr gehören zwei Dutzend Kampfflugzeuge und vier Kriegsschiffe. Auf dem Flugzeugträger *Yorktown* etwa waren während des Zweiten Weltkrieges und des Vietnamkrieges etwa 3000 US-Soldaten stationiert.

10 km östlich von Charleston liegt die **Boone Hall Plantation** 18 (www.boonehallplantation.com, Mitte März–Anf. Sep Mo–Sa 8.30–18.30, So 12–17, sonst Mo–S 9–17, So 12–17 Uhr) am heutigen Highwa 17. Die einstige Baumwollplantage entstammt einer Landzuweisung der britischen Krone an Major John Boone, de

1681 zu den ersten Siedlern in Charles Towne Landing gehörte. Bei der Anfahrt fasziniert die 1 km lange Allee moosbehangener immergrüner Eichen. Der Plantagenkomplex umfasst das 1935 an der Stelle des Originalhauses im Georgian Style errichtete Herrenhaus sowie die Ziegelsteinhütten der *Slave Street*, die vom ärmlichen Dasein der Sklaven auf der Kehrseite des strahlenden Plantagenlebens erzählen.

Praktische Hinweise

Information

Charleston Visitor Center, 375 Meeting St., Charleston, Tel. 800/774-00 06, www.charlestoncvb.com

Schiff

Fort Sumter Tours/Spirit Line Cruises, Charleston, Tel. 800/789-36 78, www.spiritlinecruises.com. Ab Liberty Square/Aquarium Wharf in Downtown (März–Okt. tgl. 11, 13 u. 15 Uhr) oder ab Patriots Point Naval & Maritime Museum (März–Okt. tgl. 15.15 Uhr). 90-min. Hafenrundfahrt im Charleston Harbour.

Hotels

***__Meeting Street Inn__, 173 Meeting St., Charleston, Tel. 843/723-18 82, 800/842-80 22, www.meetingstreetinn.com. Im 19. Jh. erbautes Bed & Breakfast mit geräumigen Zimmern im Historic District. Lauschiger Innenhof mit Jacuzzi.

***__Inn at Middleton Place__, 4290 Ashley River Road, Charleston, Tel. 843/556-05 00, 800/543-47 74, www.theinnatmiddleton place.com. 55 modern und großzügig eingerichtete Zimmer in hervorragender, ruhiger Lage am Ashley River direkt neben der ehem. Plantage Middleton Place (Eintritt inbegriffen). Mit Reitstall.

**__Sleep Inn Mt. Pleasant__, 299 Wingo Way, Charleston, Tel. 843/856-50 00, 877/424-64 23, www.sleepinn.com. Preisgünstiges, modernes Motel im Stadtteil Mt. Pleasant, 1,5 km vom Patriots Point entfernt.

Restaurants

Barbadoes Room, 115 Meeting St., Charleston, Tel. 843/577-24 00, 800/874-96 00, www.millshouse.com. Elegantes Steak- und Fischrestaurant im Mills House Hotel. Ein guter Tipp ist der Sunday Brunch.

Poogan's Porch, 72 Queen St., Charleston, Tel. 843/577-23 37, www.poogans porch.com. Frischer Fisch, Jambalaya, Alligatorsteaks und andere Delikatessen aus der Südstaatenküche in Downtown. Beste Plätze auf der Veranda.

35 Beaufort

Schatzkästchen der Vergangenheit.

Im südlichen South Carolina, wo das Festland an der Küste in kleine und kleinste

Schlichte Gemäuer: einstige Sklavenquartiere auf der Boone Hall Plantation von Charleston

Inseln zu zerfallen scheint und von Flüssen, Bächen und Buchten durchzogen wird, liegt auf der Insel **Port Royal** das malerische Hafenstädtchen Beaufort (13100 Einw.). Geprägt wird die 1711 gegründete Stadt in ihrem Zentrum durch viele sorgfältig restaurierte Häuser aus dem 18. und 19. Jh. Damals nannte jeder Plantagenbesitzer aus gesellschaftlichen Gründen auch ein Stadthaus sein eigen.

Als sehenswertes Beispiel des Federal Style gilt das 1805 von einem reichen Kaufmann erbaute **John Mark Verdier House** (801 Bay St., www.historicbeaufort.org, Mo–Sa 10.30–15.30 Uhr) mit seinem attraktiven Interieur im Stil des frühen 19. Jh. Nur zwei Querstraßen weiter nördlich befindet sich in einem Waffenlager von 1798 das **Beaufort Museum & Arsenal** (713 Craven St., www.beaufort.com, Mo–Sa 9–17 Uhr). Es zeigt Kunst- und Gebrauchsgegenstände der Native Americans sowie Relikte aus Unabhängigkeits- und Sezessionskrieg. 1724 entstand die wenige Hundert Meter entfernte schlichte **St. Helena's Episcopal Church** (www.sthelenas1712.org, Di–Fr 10–16 Uhr) in der Church Street. Ihr baufälliger Kirchturm wurde allerdings 1942 ersetzt. Während des Sezessionskrieges war die Kirche zum Hospital umfunktioniert worden und Grabsteine des angrenzenden kleinen Friedhofs sollen als Operationstische gedient haben.

Ausflug

Über den Sea Island Parkway erreicht man den **Hunting Island State Park** (www.huntingisland.com, April–Sept. tgl. 6–21, sonst bis 18 Uhr) auf der Nehrung *St. Helena Island* 24 km östlich von Beaufort. In mildem Klima gedeihen hier subtropische Pflanzen, Palmen zieren den schönen, naturbelassenen Sandstrand, der allerdings von Erosion bedroht ist. Zur Aussichtsplattform auf dem 1875 erbauten Leuchtturm führen 167 Stufen.

i Praktische Hinweise

Information

Beaufort Regional Chamber of Commerce/Visitor Center, 713 Craven St., Beaufort, Tel. 843/525-8500, 800/638-3525, www.beaufortsc.org

Hotel

***__Beaufort Inn__, 809 Port Republic St., Beaufort, Tel. 843/379-4667, 888/522-0250, www.beaufortinn.com. Luxuriös-gemütliches Country Inn im Herzen der Altstadt.

Restaurant

Blackstone's Cafe, 205 Scott St., Beaufort, Tel. 843/524-4330, www.blackstonescafe.com. Legeres, familienfreundliches Restaurant mit reichhaltigem Angebot zu Frühstück und Lunch.

Der Hunting Island State Park kann unter anderem mit ungewöhnlichen Marsch- und Lagunenlandschaften aufwarten, wie hier zwischen den Inseln Hunting und St. Helena

Die vielen begrünten Plätze tragen mit zu Savannahs einzigartigem Charme bei. Am Monterey Square kann man beispielsweise dieses schöne Ziegelhaus entdecken

36 Savannah

Southern Belle – die Schöne am Meer.

Seinen unbestreitbaren Charme verdankt Savannah (144400 Einw.) seiner **Altstadt** aus dem 18. und 19. Jh., einer der größten der USA und weitgehend ursprünglich erhalten. Dort beschatten Palmen und Eichen noble Antebellumhäuser in kopfsteingepflasterten Straßen. Die Anlage der fußgängerfreundlichen Innenstadt am Ufer des Savannah River ist seit den Tagen des britischen Stadtgründers James Edward Oglethorpe, der 1733 das spätere Stadtgebiet 33 km von der Küste in einzelne Parzellen aufgeteilt hatte, unverändert. 22 der zwei Dutzend öffentlichen Versammlungsplätze, die er geplant und teilweise angelegt hatte, sind als schattenspendende Stadtparks bis heute erhalten, gleichfalls die rasterförmig angelegten Straßen. Am schönsten anzusehen ist Savannah im März, wenn die allgegenwärtigen *Azaleen* und *Kamelien* in vielfältigen Rot- und Rosatönen erblühen.

Seit ihrer Gründung florierte die Stadt als **Seehafen** für die auf dem Savannah River aus dem Landesinneren kommenden und dann nach Europa verschifften Güter. Seine Glanzzeit erlebte der rege Warenumschlagplatz im frühen 19. Jh. Innerhalb von zwei Jahrzehnten stieg damals dank der maschinellen Baumwollentkernung und dem Beginn der Dampfschifffahrt der **Baumwollumschlag** um das 500-Fache, und Savannah wurde wichtigster Ausfuhrhafen der Neuen Welt für das ›Weiße Gold‹.

Den **Sezessionskrieg** überstand Savannah baulich unbeschadet. Die Stadt wurde dem Unionsgeneral William T. Sherman im Dezember 1864 kampflos übergeben. Mit der Einnahme Savannahs und der umliegenden Stellungen endete Shermans zerstörerischer ›Marsch zum Meer‹. Doch von der dem Bürgerkrieg folgenden **Depression** erholte sich Savannah nur langsam. 1996 erhielt die schöne Stadt als Austragungsort der olympischen Segelwettbewerbe neue **touristische Impulse**. Daneben sind das Militär sowie die Holzverarbeitung von Bedeutung. Und der Hafen ist noch im-

Authentisch inszenierte Geschichte im Savannah History Museum

mer der größte im Süden zwischen Florida und Virginia.

Ein Rundgang durch die insgesamt sehr ansprechende Altstadt beginnt neben dem *Visitor Center* am westlichen Rand des Viertels. Am Martin Luther King Jr. Boulevard residiert in dem 1872–1971 von der lokalen Central Georgia Railroad betriebenen Bahnhof das **Savannah History Museum** 1 (www.chsgeorgia.org, tgl. 9–17.30 Uhr). Dort erzählt eine chronologisch aufgebaute Multimediaschau Savannahs Geschichte. Dem Thema Technik widmet sich die große Museumshalle u. a. mit einer Baldwin-Lokomotive von 1890, einer der frühen Baumwollentkernungs-

Beliebte Flaniermeile – die River Street vor der Kulisse des Savannah River

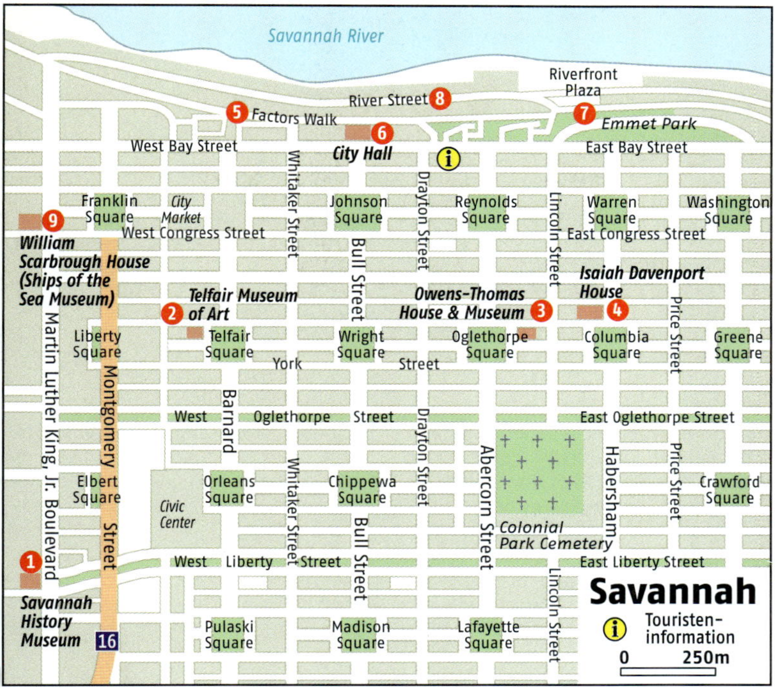

maschinen und einem Schiffsmodell der *SS Savannah*, die 1819 als erstes Dampfschiff den Atlantik überquerte.

Auf der von West nach Ost verlaufenden State Street stehen drei bemerkenswerte Antebellumhäuser. Das bereits 1875 gegründete **Telfair Museum of Art** 2 (www.telfair.org, So/Mo 12–17, Di–Sa 10–17 Uhr) am Telfair Square zählt zu den ältesten Kunstmuseen des Südens. Im 1818 errichteten einstigen Wohnhaus der Familie Telfair, dem heutigen *Jepson Center for the Arts*, zeigt die Sammlung originalmöblierte Räume aus der Entstehungszeit, z. B. den eleganten *Octagon Reception Room*. Die Kunstkollektion präsentiert u. a. Porträts von Charles Willson Peale und Rembrandt Peale, Gemälde von Childe Hassam und George Bellows aus dem frühen 20. Jh. sowie Silberarbeiten aus dem Savannah des frühen 19. Jh.

Mit dem von ionischen Säulen gerahmten Portikus und den kunstvollen Architekturdetails im gesamten Haus gilt das 1819 ebenfalls im englischen Regency Style erbaute **Owens-Thomas House & Museum** 3 (www.telfair.org, So/Mo 12–17, Di–Sa 10–17 Uhr) als Meisterwerk des Architekten William Jay, der zuvor im gleichen Stil Telfair Mansion entworfen hatte. Seltene Antiquitäten aus dem 19. Jh. schmücken das Innere des attraktiven Hauses am Oglethorpe Square.

Eine Aura schlichter Eleganz verbreitet das 1815–20 im Federal Style erbaute **Isaiah Davenport House** 4 (www.davenporthousemuseum.org, Mo–Sa 10–16, So 13–16 Uhr, Führungen alle halbe Stunde) am Columbia Square. Aufgrund seines schlechten baulichen Zustandes wäre das Backsteinhaus, in dem schmiedeeiserne Gitter, kunstvolle Gipsarbeiten und eine ellipsenförmige Treppe zu bewundern sind, in den 1950er-Jahren um ein Haar abgerissen worden. Die *Historic Savannah Foundation* erwarb das Anwesen und konnte es nach umfangreichen Instandsetzungen 1963 wieder eröffnen. Diese Initiative wurde zur Initialzündung für die stilgerechte Restaurierung der gesamten Altstadt.

Lange standen die backsteinernen alten Warenhäuser und Lagerhallen am Fluss leer, bis ihnen in den 1960er- und 1970er-Jahren eine Restaurierung neues Leben einhauchte. Am **Factors Walk** 5, dem einstigen kommerziellen Herzen Savannahs, entstand eine bunte Mischung aus Restaurants und Kneipen, Cafés und Geschäften. Von der Altstadt aus gesehen sind die Erdgeschosse auf Flussniveau abgesenkt, hier befanden sich früher die Laderampen für die Frachtschiffe. Zwischen der Häuserzeile am Factors Walk und der höher gelegenen Stadt erstreckt sich ein 6–8 m breiter Graben. Darüber führen malerische Fußgänger-Eisenbrücken direkt in die Obergeschosse der Gebäude.

Nahe der Riverfront fällt als markantester Orientierungspunkt in der Innenstadt die vergoldete Kuppel des 1905 erbauten Rathauses **City Hall** 6 auf. Auch die benachbarte, ebenfalls von neugestalteten ehem. Lagerhallen umgebene **Riverfront Plaza** 7 säumen Restaurants und Geschäfte. Hier führt vor der stimmungsvollen Kulisse des Savannah River die **River Street** 8 (www.riverstreetsavannah.com) entlang, Savannahs tagsüber und abends gleichermaßen stark belebte Flaniermeile. Von deren westlichem Ende ist es nicht weit zum 1819 erbauten **William Scarbrough House** 9 (41 M.L. King Blvd.), einem der ersten Beispiele des Greek Revival Style in Savannah. Es beherbergt heute das **Ships of the Sea Museum** (www.shipsofthesea.org, Di–So 10–17 Uhr) mit Schiffsmodellen, Galionsfiguren, Filmen und Ausstellungen über 2000 Jahre Schifffahrtsgeschichte.

i Praktische Hinweise

Information

Savannah Visitor Center, 101 East Bay St. Savannah, Tel. 912/644-64 00, 877/728-26 62, www.visitsavannah.com

Hotels

TOP TIPP ***Foley House Inn**, 14 W. Hull St., Savannah, Tel. 912/232-66 22, 800/647-37 08, www.foleyinn.com. 1896 erbaute Stadtvilla am Chippewa Square. Heute ein romantisches Bed & Breakfast, geschmackvoll im Stil der Zeit um 1900 ausgestattet.

***River Street Inn,** 124 E. Bay St., Savannah, Tel. 912/234-64 00, www.riverstreetinn.com. Elegantes, historisches Hotel am River Walk mit Café und Restaurant.

Restaurants

Alligator Soul, 114 Barnard St., Tel. 912/232-78 99, www.alligatorsoul.com. Dinnerrestaurant mit hervorragender Südstaatenküche und Bar nahe des Telfair Square. Auf der Speisekarte stehen fangfrischer Fisch, Wildgerichte und vegetarische Spezialitäten.

TOP TIPP **Mrs. Wilkes' Dining Room**, 107 W. Jones St., Savannah, Tel. 912/232-59 97, www.mrswilkes.com. Seit mehr als 50 Jahren die erste Adresse in Savannah für herzhafte Südstaatengerichte in familiärer Atmosphäre (Mo–Fr 11–14 Uhr, keine Reservierungen).

37 Golden Isles

Millionärsparadies und Sommerfrische.

St. Simons Island und Jekyll Island liegen nebst einigen benachbarten kleineren Eilanden im Süden Georgias nahe der Grenze zu Florida. Unter dem Namen Golden Isles sind sie für feine **Strände**, fabelhafte **Golfplätze** und nobles Ambiente bekannt. Alle öffentlich zugänglichen ›Goldenen Inseln‹ sind vom Festland aus bequem über Brücken zu erreichen.

Am Westufer von **St. Simons Island** erbauten die Briten 1736 das heute in Ruinen liegende **Fort Frederica** (www.nps.gov/fofr, tgl. 9–17 Uhr) am Frederica River

Morgendliches Farbenspiel am baumbestandenen Driftwood Beach auf Jekyll Island

als Bollwerk gegen die Spanier. Diese zogen sich 1742 nach ihrer Niederlage gegen den britischen General James Edward Oglethorpe in der *Battle of Bloody Marsh* endgültig aus Georgia zurück. In der Nähe des damaligen Schlachtfeldes an der Inselsüdspitze liegen der schöne, hellsandige Badestrand **St. Simons Beach** sowie das kleine Dorf *The Village* mit Pier und einem gut 30 m hohen, Leuchtturm.

Ab 1886 bauten sich Amerikas Millionärsfamilien, unter ihnen die Rockefellers, Astors und Vanderbilts, auf dem lieblichen, baumbestandenen **Jekyll Island** ihre luxuriösen Villen, die sie in gewaltiger Untertreibung *Cottages*, ›Häuschen‹, nannten. Daneben entstand zur selben Zeit das nicht minder noble **Jekyll Island Club Hotel** (371 Riverview Dr., Tel. 855/535-9547, www.jekyllclub.com). Das blendend weiße, zweiflügelige einstige Clubhaus ist heute wie die Cottages Teil des fotogenen **Historic District** im Zentrum der Insel und im Rahmen einer Führung zu besichtigen. Neben einem Blick in die Welt der Reichen und Schönen lockt Jekyll Island mit 16 km feinen Badestränden, Sanddünen und attraktiven Picknickplätzen. Körperliche Bewegung kann man sich auch bei einer Tour über 30 km ebene Radwege verschaffen. Einen Fahrradverleih findet man am Minigolfplatz, N. Beachview Dr., Tel. 912/635-2648 (www.jekyllisland.com/biking).

i Praktische Hinweise

Information

St. Simon Island Visitor Center, The Old Casino Building, St. Simons Island, Tel. 912/638-9014, www.goldenisles.com

Welcome Center, I-95 southbound, zwischen Exits 42 und 38

Hotel

*****Villas by the Sea**, 1175 N. Beachview Dr., Jekyll Island, Tel. 912/635-2521, 800/841-6262, www.villasbythesearesort.com. Apartmenthäuser und Hotelzimmer in den bewaldeten Dünen an der Nordostküste der Insel.

Restaurant

The Frederica House, 3611 Frederica Rd., St. Simons Island, Tel. 912/639-6789, www.fredericahouse.com. Sehr beliebtes, gemütliches Familienrestaurant, zu dessen Spezialitäten Shrimps aus lokalen Gewässern, gegrillter Fisch und Steaks zählen (nur Dinner).

Alle zwei Monate neu!

Das Magazin mit den schönsten Seiten der Welt.

■ Spannende, exklusiv recherchierte Reportagen ■ Mehr als 250 brillante und stimmungsvolle Fotos ■ Zahlreiche Übersichtskarten und Detailpläne ■ Dazu Serviceseiten mit Insider-Tipps und Hintergrundinfos.

Überall, wo es Bücher gibt, und beim ADAC.

www.adac.de/shop

USA Südstaaten aktuell A bis Z

Vor Reiseantritt

ADAC Info-Service:
Tel. 0800/510 11 12
(gebührenfrei, Mo–Sa 8–20 Uhr)

Unter dieser Telefonnummer oder bei den ADAC Geschäftsstellen können ADAC Mitglieder kostenloses Informations- und Kartenmaterial anfordern.

ADAC im Internet:
www.adac.de
www.adac.de/reisefuehrer

USA Südstaaten im Internet:
www.deep-south-usa.de

Der ADAC gibt an Mitglieder auf Anfrage ein **TourSet USA** mit allgemeinen Reiseinformationen und Übersichtskarten (*State maps*) heraus sowie eine Bonuskarte (*Show Your Card & Save*) des US-Partnerclubs AAA, die bei Hotels und Sehenswürdigkeiten oft zu Preisermäßigungen verhilft.

Detaillierte Auskünfte zu den einzelnen Bundesstaaten erteilen:

Alabama: www.alabama.travel

Georgia: www.georgia-usa.de

Louisiana: www.louisianatravel.de

Mississippi/Memphis:
www.memphis-mississippi.de

North Carolina: www.de.visitnc.com

South Carolina: www.discoversouth carolina.com/deutschland

Tennessee: www.tnvacation.com

Allgemeine Informationen

Reisedokumente

Das **Visa Waiver Program** ermöglicht es Staatsangehörigen der an diesem Programm teilnehmenden Länder (u.a. Deutschland, Österreich und Schweiz) für einen Aufenthalt bis zu 90 Tagen ohne Visum in die USA einzureisen. Jeder Reisende benötigt einen maschinenlesbaren elektronischen **Reisepass** (ePass mit integriertem Chip, ausgestellt ab November 2005), der mindestens für die Dauer des Aufenthaltes gültig ist.

Kinder, die mit einem **Kinderreisepass** oder Kinderausweis reisen, benötigen für die Einreise in die Vereinigten Staaten ein Visum. Einträge im Pass der Eltern sind nicht mehr gültig. Ab 12 Jahren wird ein regulärer (elektronischer) Reisepass benötigt, um visumfrei reisen zu können.

Von der Teilnahme am Visa Waiver Programm ausgeschlossen sind Doppelstaater, die auch die Staatsangehörigkeit von Iran, Irak, Syrien oder Sudan besitzen, und Reisende, die sich nach dem 1. März 2011 in Iran, Irak, Syrien, Sudan, Libyen, Jemen und Somalia aufgehalten haben (Ausnahmen in Einzelfällen möglich).

Zur Einreise benötigt werden außerdem ein Rückreise- oder weiterführendes Ticket (welches – außer für Personen mit festem Wohnsitz in diesen Ländern – nicht in Kanada, Mexiko oder den Karibikinseln enden darf) und die ausgefüllten **Zoll-** und **Einreiseformulare**, die man vor dem Flug online ausfüllt oder an Bord erhält. Hier sind Angaben zur Person und eine Aufenthaltsadresse in den USA (z.B. ein Hotel) einzutragen.

Seit dem 12. Januar 2009 müssen sich alle Reisenden, die visumfrei in die USA einreisen wollen, spätestens 72 Stunden vor Abflug online über das **ESTA-System** (https://esta.cbp.dhs.gov/esta/esta.html) registrieren. Die Registrierung kostet 14 $ und ist bis zum Ablauf des Reisepasses bis zu zwei Jahren gültig.

Verfügt man über kein Rückflugticket, möchte sich länger als drei Monate in den USA aufhalten oder ist nicht berechtigt, am Visa-Waiver-Programm teilzunehmen, wird ein **Visum** benötigt. Abstecher nach Kanada und Mexiko sind visumfrei möglich.

Von allen Reisenden, auch den nicht visumpflichtigen, wird bei Einreise (an einigen Flughäfen auch bei der Ausreise) ein digitaler **Abdruck der Finger** und ein digitales **Porträtfoto** gefertigt.

Detaillierte Informationen zur Einreise in die USA bieten die U.S. Customs & Border Protection (www.cbp.gov) und das Auswärtige Amt (www.auswaertiges-amt.de).

Kfz-Papiere

Bis zu einem Jahr Aufenthalt genügt der nationale Führerschein, es wird jedoch empfohlen, den Internationalen Führerschein zusätzlich mitzubringen.

Krankenversicherung

Es empfiehlt sich eine Auslandskrankenversicherung abzuschließen, die ggf. vor Ort anfallenden Behandlungskosten (mit Kreditkarte zu begleichen) werden dann zu Hause gegen Beleg erstattet.

Zollbestimmungen

In die USA kann man pro Person ab 18 Jahren zollfrei Geschenke im Wert von 100 $ sowie 200 Zigaretten oder 50 Zigarren oder 2 kg Tabak und ab 21 Jahren bis zu 1 l alkoholische Getränke einführen. Die Einfuhr von frischen Lebensmitteln, Pflanzen, Fleischprodukten, Waffen und pornografischem Material ist verboten. Die US-Zollbehörde (U.S. Customs and Border Protection) darf auf elektronischen Geräten gespeicherte Daten durchsuchen. Aktuelle Infos: www.cbp.gov/travel. Auf dem **Rückflug** nach Europa dürfen Personen ab 17 Jahren 200 Zigaretten oder 100 Zigarillos oder 50 Zigarren oder 250 g Rauchtabak, 1 l Spirituosen über 22 % oder 2 l mit weniger als 22 % Alkohol oder eine anteilige Zusammenstellung davon und 4 l Wein und 16 l Bier. abgabenfrei eingeführt werden, die *Zollfreigrenze* pro Erwachsenem liegt bei einem Warenwert von 430 €, für Kinder unter 15 Jahren bei 175 €.

Service und Notruf

Notruf
Tel. 911 (Polizei, Feuerwehr, Ambulanz)

Operator/Telefonvermittlung:
Tel. 411 (Auskunft, auch Hilfe in Notfällen)

ADAC Info Service
Tel. 0800 5 10 11 12 (Mo–Sa 8–20 Uhr)

ADAC Pannenhilfe Deutschland
Tel. 0180/222 22 22 (dt. Festnetz 6 ct/Anruf), Mobil: 22 22 22 (Kosten je nach Netzbetreiber/Provider)

ADAC Notruf aus dem Ausland
Tel. +49/89/22 22 22 (24 Std.)

AAA Pannenhilfe: Tel. 800/2 22-43 57

ADAC Ambulanzdienst München
Tel. +49/89/76 76 76 (24 Std.)

ÖAMTC Schutzbrief-Nothilfe
Tel. +43/1/251 20 00 (24 Std.), www.oeamtc.at

Einsatzzentrale TCS-ETI-Schutzbrief
Tel. +41/58/827 22 20 (24 Std.), www.tcs.ch

Geld

Die nationale Währung ist der US-Dollar ($), unterteilt in 100 Cents (c). Im Umlauf sind fast ausschließlich Geldscheine zu 1, 5, 10, 20, 50 und 100 $ sowie Münzen zu 1 cent (*Penny*), 5 c (*Nickel*), 10 c (*Dime*) und 25 c (*Quarter*). Als Sammlerstücke gelten mittlerweile die seltenen Zweidollarscheine und Eindollarstücke.

Für den Reisealltag in den USA hat sich die Kombination aus **Kreditkarte**, **Bank-Card** und Bargeld am besten bewährt. Mit Geldscheinen bis max. 20 $ und ausreichend Münzen für die zahlreichen Automaten kommt man unterwegs gut zurecht. Abends geben kleine Geschäfte auf Scheine oder Schecks über 20 $ manchmal kein Wechselgeld heraus.

Die gängigen **Kreditkarten,** vor allem VISA und Mastercard, werden von den meisten Hotels, Restaurants, Geschäften und Tankstellen angenommen, von den meisten sogar verlangt. Telefonische Reservierungen von Leihwagen, Eintrittskarten, Fährtickets, Hotelzimmern u. Ä. sind fast nur unter Angabe der Kreditkartennummer möglich. **Bankkarten** mit dem *Maestro*-Logo können zur Bargeldabhebung am Geldautomat benutzt werden.

Bei Verlust der gängigen Kredit- oder Giro-Karten hilft in der Regel der **einheitliche Sperrnotruf** Tel. 011 49/11 61 16 oder 011 49/30/40 50 40 50, www.sperr-notruf.de oder die Notfallnummer der jeweiligen Bank.

Touristeninformation im Land

Alabama: www.alabama.travel

Georgia: www.exploregeorgia.org

Louisiana: www.louisianatravel.com

Mississippi: www.visitmississippi.org

North Carolina: www.visitnc.com

South Carolina: www.discoversouthcarolina.com

Tennessee: www.tnvacation.com

Die offiziellen **State Welcome Centers**, die meist an den wichtigsten Fernverkehrsstraßen, meist Interstate Highways, kurz hinter dem Übergang in einen neuen Bundesstaat liegen, sowie die Visitor Centers in den Städten und Ortschaften halten ein reichhaltiges Sortiment an Informationsmaterial bereit.

Beim **AAA** (**American Automobile Association**, kurz ›Triple A‹ genannt, www.aaa.com) bzw. seinen Unterorganisationen bekommen ADAC Mitglieder gegen Vorlage des Clubausweises kostenlos Landkarten, Stadtpläne *(City maps)* und Tourenbücher *(Tour books)*. Büros (Mo–Fr 9–17 Uhr) gibt es in vielen Orten.

Diplomatische Vertretungen

Deutschland

Botschaft der USA, Konsularabteilung, Clayallee 170, 14191 Berlin, Tel. 030/83 050, https://de.usembassy.gov/de
Visa-Informationsdienst: Tel. 032/22 10 93 243, http://ustraveldocs.com/de
Terminvereinbarungen für Visa unter Tel. 091 31/772 22 70 (15 €)

Österreich

Botschaft der USA, Konsularabteilung, Parkring 12a, 1010 Wien, Tel. 01/512 58 35, Visa-Info: (0) 720 11 60 00, http://austria.usembassy.gov

Schweiz

Botschaft der USA, Sulgeneckstr. 19, 3007 Bern, Tel. 0 31/3 57 70 11, Visumauskunft: Tel. 943/315 80 00 33, http://bern.usembassy.gov

USA

Deutsche Botschaft/German Embassy, 4645 Reservoir Rd. NW, Washington, DC 20007, Tel. 202/298-40 00, www.germany.info

Österreichische Botschaft/Austrian Embassy, 3524 International Court NW, Washington, DC 20008, Tel. 202/895-67 00, www.austria.org

Schweizer Botschaft/Swiss Embassy, 2900 Cathedral Ave. NW, Washington, DC 20008, Tel. 202/745-79 00, www.swissemb.org

Gesundheit

Rezeptpflichtige Arzneien sind nur in *Pharmacies* erhältlich, sonstige Medizin und Naturheilprodukte im Supermarkt. Wichtige Medikamente sollte man in ausreichender Menge mitnehmen, da diese in den USA u.U. nicht in gleicher Rezeptur oder Dosierung erhältlich sind.

Besondere Verkehrsbestimmungen

In den USA gelten strikte **Tempolimits**, im ...iden 70 Meilen pro Stunde (*miles per hour* – mph) = 113 km/h auf den Überlandautobahnen (*Interstates*), 55 mph (88 km/h) auf Landstraßen, 35 mph (56 km/h) innerorts, manchmal 15 mph (24 km/h), z.B. vor Schulen. An **Straßen** unterscheidet man Autobahnen (*Interstates*, I), überregionale Bundesstraßen (*US Highways*, US), Staatsstraßen (*State Routes*, SR) und Landstraßen (*County Roads*, CR).

Autobahnausfahrten können auch von der linken Fahrspur abzweigen, zudem ist das **Überholen** auf der rechten Seite erlaubt. **Ampeln** arbeiten ohne die Signalfarbe Gelb. Wenn es der Verkehr erlaubt, darf man bei Rot nach kurzem Stopp rechts abbiegen, es sei denn, der Hinweis *No turn on red* verbietet dies. Bei Stoppschildern mit dem Zusatz *4-Way-Stop* halten Fahrer aus allen Richtungen kurz an, bevor sie in der Reihenfolge ihrer Ankunft weiterfahren.

An Bushaltestellen und Hydranten gilt absolutes **Parkverbot**, ebenso an roten Bordsteinkanten. Gelb-schwarze Streifen markieren Ladezonen. Sehr streng nimmt man es auch mit den *Tow-Away Zones*; jedes hier geparkte Fahrzeug wird rigoros abgeschleppt. **Schulbusse** mit seitlich ausgefahrenem Stoppschild und eingeschalteter Warnblinkanlage dürfen in keiner Fahrtrichtung passiert werden.

Alkoholische Getränke müssen stets im Kofferraum verstaut werden. Offizielle Grenzwerte liegen bei 0,8 Promille, doch prinzipiell ist es verboten, unter Alkoholeinfluss zu fahren. Das als DUI (driving under the influence) bzw. DWI (driving while intoxicated) bezeichnete Delikt wird streng geahndet. Fahren Minderjährige mit, besteht im Auto Rauchverbot.

Bei **Verkehrskontrollen** unbedingt im Auto sitzenbleiben, das Fenster öffnen und die Hände am Lenkrad lassen.

Sicherheit

In ländlichen Gebieten, in den Naturparks und den geschäftigen Großstadtzentren ist die Gefährdung durch Kriminalität eher gering, was aber keineswegs zu Unachtsamkeit verleiten sollte. In einigen Städten, wie z.B. New Orleans, fallen gelegentlich die abrupten Übergänge von attraktiven Wohngebieten zu sozialen Brennpunkten auf. Als Tourist sollte man umkehren, wenn sich der Charakter von Straßenzügen verschlechtert, verlassene Viertel und Stadtparks meiden und abends nur an gut beleuchteten Orten z.B. nach dem Weg fragen.

Stromspannung

Das Stromnetz der USA arbeitet mit **110 Volt**. Europäische Elektrogeräte brauchen Spannungsumschalter von 220 auf 110 Volt und einen Adapter für US-Steckdosen (›Amerikastecker‹).

Maße und Gewichte

1 inch (in.)	= 2,54 cm
1 foot (ft.)	= 12 in. = 30,48 cm
1 yard (yd.)	= 3 ft. = 91,44 cm
1 mile (mi.)	= 1760 yd. = 1,609 km
1 fluid ounce (fl.oz.)	= 29,57 ml
1 pint (pt.)	= 16 fl.oz. = 0,47 l
1 quart (qt.)	= 2 pt. = 0,95 l
1 gallon (gal.)	= 4 qt. = 3,79 l
1 ounce (oz.)	= 28,35 g
1 pound (lb.)	= 16 oz. = 453,59 g

Zeit und Datum

In Georgia, North und South Carolina gilt **Eastern Standard Time** (MEZ –6 Std.), in Tennessee, Alabama, Mississippi und Louisiana **Central Standard Time Zone** (MEZ –7 Std.), d.h. um 12 Uhr mittags in Atlanta bzw. 11 Uhr in New Orleans ist es in Mitteleuropa bereits 18 Uhr. **Sommerzeit** (*Daylight saving time*, DST) gilt vom zweiten Sonntag im März bis zum ersten Sonntag im November.

Die Angabe der **Uhrzeit** folgt einer Unterteilung des Tages in zweimal zwölf Stunden. Der Zusatz ›a. m.‹ (ante meridiem) gilt bis mittags, die Angabe ›p. m.‹ (post meridiem) für die zweite Tageshälfte.

Beim **Datum** wird erst der Monat, dann der Tag und schließlich das Jahr angegeben, z.B. 8/6/17 steht für 6.8.2017.

Einkaufen wie früher: Lebensmittelstand im historischen French Market in New Orleans

Anreise

Flugzeug

Atlanta, www.atlanta-airport.com, Tel. 800/897-1910, **Charlotte**, www.charmeck.org/city/charlotte/airport, Tel. 704/359-4013 und **Memphis**, www.flymemphis.com, Tel. 901/922-8000 werden von Europa aus **nonstop**, ohne Zwischenlandung, angeflogen. Gute Umsteigeverbindungen verkürzen die Wartezeiten bei Anschlussflügen wie z.B. nach New Orleans oder Nashville.

Bank, Post, Telefon

Bank

Öffnungszeiten: in der Regel Mo–Fr 9–17 Uhr. In kleineren Orten wird über Mittag geschlossen.

Post

Öffnungszeiten: in der Regel Mo–Fr 9–17 in größeren Städten 8–18, Sa 9–13 Uhr.

Postkarten und leichtere Briefe nach Übersee kosten 1,15 $. Sie sind per Luftpost etwa eine Woche unterwegs. Briefmarken sind, meist mit einem Aufschlag, auch in *Drugstores* oder im Hotel erhältlich.

Telefon

Internationale Vorwahlen
USA 001
Deutschland 01149
Österreich 01143
Schweiz 01141

Die Telefonnummern in den USA bestehen aus einer dreistelligen Vorwahl (*Area code*) und einer siebenstelligen Rufnummer. Wählt man 0 meldet sich die Vermittlung (*Operator*), die auch bei Telefonproblemen weiterhilft. Innerorts meldet sich die **Auskunft** in der Regel unter Tel. 411, ansonsten unter Tel. 555-1212.

Öffentliche Telefone (*Pay phones*) sind in den USA meist noch an öffentlichen Stellen (Malls, Tankstellen, etc.) zu finden. Bei **Ortsgesprächen** wählt man die siebenstellige Rufnummer ohne Vorwahl. Bei **Ferngesprächen** wählt man zunächst die 1, dann Vorwahl und Rufnummer.

Rufnummern mit den Vorwahlen 800, 85 866, 877 und 888 sind **gebührenfrei** (*Toll free*).

Auf dem Tastentelefon stehen über den Ziffern 2–9 folgende **Buchstaben**: 2 = AB

3 = DEF, 4 = GHI, 5 = JKL, 6 MNO, 7 = PQRS, 8 = TUV, 9 =WXYZ. Damit umschreiben Firmen ihre Telefonnummern durch leicht einprägsame Buchstabenkombinationen, z.B. lautet der Notruf des Automobilclubs AAA: 800/AAA-HELP = 800/222-4357.

Viele Geschäfte und Tankstellen in den USA verkaufen **Telefonkarten** (*Prepaid phone cards*), mit denen man als Reisender am preisgünstigsten telefoniert. Am teuersten sind **R-Gespräche** (*Collect calls*), bei denen die angerufene Person die Gebühren übernimmt.

Nur moderne **Tri-** oder besser noch **Quadband-Handys** unterstützen sowohl den europäischen Standard von 900 und 1800 MHz als auch den US-Standard von 850 und 1900 MHz. Auch bei UMTS und LTE kommen in den USA und in Europa unterschiedliche Frequenzen zum Einsatz. Mit einer amerikanischen Prepaid-Karte oder einer Cellion-SIM-Karte (www.cellion.de) telefoniert man in den USA mobil wesentlich preiswerter.

Einkaufen

Öffnungszeiten

In den USA gelten keine gesetzlich vorgeschriebenen Ladenschlusszeiten. Supermärkte haben gewöhnlich tgl. 7–22 Uhr geöffnet, manche sogar rund um die Uhr. Die Öffnungszeiten von Einkaufszentren (*Shopping malls*) sind in der Regel Mo–Sa 10–21, So 10–18 Uhr.

Shopping Malls und Outlet Centers

In den großen *Malls* kann man nicht nur einkaufen, sie sind vielmehr als Erlebniswelt gestaltet, mit Vergnügungsparks, Kinos und Restaurants. **Lenox Square** und **Atlantic Station** in Atlanta sind Paradebeispiele dafür. Weitere Höhepunkte amerikanischer Shopping-Kultur sind *Outlet Centers* (Direktverkauf ab Hersteller) wie die riesige **Concord Mills** bei Charlotte oder **Opry Mills** bei Nashville. 5 km westlich von Myrtle Beach am US-Highway 501 lockt das **Tanger Outlet Center** mit herabgesetzten Markenartikeln und Designerware. Insbesondere bei Jeans, Sportbekleidung, Parfüm, Elektrogeräten, Computerzubehör und Fotoapparaten findet man attraktive Sonderangebote. Allerdings sollte man prüfen, ob **Elektrogeräte** mit 220 Volt funktionieren). **DVDs** und **Blu-rays** mit der Ländercode-Nummer 1 sind für das Abspielen in den USA bestimmt und können außerhalb der USA nur auf sog. Regio-Free-Playern gespielt werden. Nur wenn der Code auf 2 (Europa) oder 0 (worldwide) lautet, können die Silberlinge problemlos auf europäischen Wiedergabegeräten benutzt werden. Bei Blu-rays verzichten allerdings mittlerweile viele der großen Filmstudios aus Kostengründen darauf, den Ländercode zu implementieren, wodurch die Filme weltweit abgespielt werden können – im Zweifelsfall empfiehlt sich eine Rückfrage.

Souvenirs

Rote und grüne **Chilisaucen**, CDs mit **Cajunmusik** aus Louisiana, mit **Countrymusic** aus Nashville und mit **Blues** aus Memphis sind beliebte Mitbringsel, ebenso **Kunsthandwerk** aus den Appalachen, wie es etwa im *Folk Art Center* am Blue Ridge Parkway angeboten wird. Auch Kunsthandwerk der Native Americans erfreut sich großer Beliebtheit. Eine gute Adresse für solche Masken, Decken, Pfeifen o.ä. ist die Kooperative *Qualla Arts and Crafts Mutual* in Cherokee. Die Museumsgeschäfte besitzen oft ein hervorragendes Sortiment an speziellen Kunst- und Gebrauchsgegenständen, Musikaufnahmen und Literatur.

Steuern

Bis auf Benzin sind alle Waren und Dienstleistungen netto ausgezeichnet. Zur Rechnungssumme wird je nach Bundesstaat **Umsatzsteuer** (*Sales tax*) von 4–7 % aufgeschlagen, wobei Städte Restaurantmahlzeiten und Übernachtungen auch höher besteuern.

Auf Anfrage erhalten ausländische Touristen in Louisiana im **Louisiana Tax Free Shopping Refund Center** am New Orleans International Airport (Tel. 504/467-07 23, Mo–Fr 7.30–17, Sa/So 9–15 Uhr) oder im New Orleans Refund Center am Riverwalk (Tel. 504/568-36 05, Mo–Sa 10–18, So 11–18 Uhr) die Umsatzsteuer auf Waren zurück, die in einem Geschäft mit dem Logo *Louisiana Tax Free Shopping* (www.louisianataxfree.com) gekauft wurden. Man legt dazu die Tax Refund Vouchers und Kaufquittungen aus den jeweiligen Geschäften, den Pass sowie das Rückflugticket vor.

Essen und Trinken

Frühstück

Zum reichhaltigen **American breakfast** werden Eier je nach Wunsch als Rührei (*Scrambled eggs*) oder als einseitig (*sunny side up*) bzw. zweiseitig (*overeasy*) gebratenes Spiegelei serviert. Dazu gibt es kleine, würzige Bratwürstchen (*Sausages*), Speckstreifen (*Bacon*) oder Schinken (*Ham*) sowie Bratkartoffeln (*Hash browns*), Toast mit Marmelade (*Jam*) oder für Freunde des Süßen kleine Pfannkuchen mit Sirup (*Pancakes with syrup*). Kaffee wird kostenlos nachgeschenkt (*Refill*). Dagegen nimmt sich das **Continental breakfast** aus Kaffee, Toast mit Marmelade, Gebäck, gelegentlich mit Joghurt, Früchten und Cornflakes, geradezu mager aus.

Abendessen

Die Hauptmahlzeit des Tages ist nicht das Mittagessen (*Lunch*), sondern das abendliche **Dinner**.

Zumeist bittet ein Schild am Eingang eines Restaurants *Please, wait to be seated*. Man wartet, bis die Bedienung (*Waiter* oder *Waitress*) die Gäste zu einem Tisch führt. Zu jedem Essen wird Eiswasser (*Water*) serviert. Niemand hat etwas dagegen, wenn man sich damit begnügt. Wasser und Eistee (*Ice tea*) werden kostenlos beliebig oft nachgefüllt (*Refills*).

Die **Portionen** sind oft sehr reichhaltig. Wenn etwas übrigbleibt, lässt man sich die Reste einpacken. Selbst in sehr guten Restaurants ist das durchaus üblich.

Alkohol

In den USA ist es meist verboten, in de Öffentlichkeit Alkohol zu konsumieren. Ar Jugendliche unter **21 Jahren** wird überhaupt kein Alkohol abgegeben, und in Indian Reservations dürfen alkoholische Getränke weder verkauft noch konsumiert werden. Auch manche Landkreise (Counties) sind *dry*, d.h. dort darf Berauschende weder verkauft noch ausgeschenkt werden. An anderen Orten gibt es sonntag nichts Alkoholisches zu trinken. Nur dazu berechtigte Restaurants (*Licensed restaurants*) schenken Alkohol aus. Ansonster gilt *Bring your own bottle* (BYOB), Gäste dürfen also ihr Bier oder ihren Wein selbe mitbringen und vor Ort öffnen lassen.

Trinkgeld

Trinkgelder (*Tips*, *Gratuities*) sind di Haupteinnahmequelle für Bedienunge und nicht in der Rechnung (*Check*) enthalten. Deshalb gibt man meist 15–20% das Geld bleibt entweder auf dem Tisc liegen oder wird auf der Kreditkartenab rechnung eingetragen.

In Hotels erwartet das Zimmermädche (*Room maid*) 1–2 $ pro Übernachtung, de Page (*Bellhop*) 1 $ pro getragenem Ge päckstück und der Parkwächter (*Parkin attendant*) 1–2 $ für das Parken und Brin gen des Wagens. Auch Taxifahrer (*Ca drivers*) erhalten ca. 15 % des Fahrpreise als Trinkgeld.

Gaumenfreuden, heiß wie das Land

Scharf sind viele Gerichte des Südens, und in weiten Teilen von den Erzeugnissen des Meeres geprägt. Gourmets loben die vielfältige, von **Cajuns** und **Kreolen** bestimmte Küche Louisianas, doch auch die anderen Südstaaten der USA müssen sich kulinarisch nicht verstecken.

Po-Boys gibt es in Louisiana beinahe überall. Es sind reichhaltig belegte Baguettebrote von oft immensen Ausmaßen, die häufig in kleinen Restaurants auf dem Lande angeboten werden. **Gumbo** ist ein auf ›Roux‹, der für den Süden der USA typischen gebräunten Mehlschwitze, basierender Eintopf mit vielerlei Fleisch- und Gemüsesorten, während **Jambalaya**, mit einer pikanten Sauce aus Tomaten, Zwiebeln, Fleisch und zahlreichen Gewürzen, mit Reis serviert wird.

Auf jeder Speisekarte nahe der Küste stehen **Catfish**, Wels, der gebraten oder über dem offenem Feuer gegrillt wird, und **Crawfish**, kleine Süßwasserkrebse, die im Geschmack dem Hummer gleichen. **Gator steak**, **Gator tail** etc. ist das als Steak oder Gulasch zubereitete oder im Eintopf langsam gegarte, wohlschmeckende Fleisch des Alligators.

Eine regionaltypische Beilage ist **Grits**, warm servierte Gries- und Maismehlgrütze. An sich schmeckt sie neutral, avanciert aber durch das ›Topping‹ – wahlweise herbsüße, sirupartige **Molasses**, gebratener Speck oder geschmolzener Käse mit Shrimps – zur Köstlichkeit. **Sweet potatoes**, Süßkartoffeln, werden zu vielen Mahlzeiten gereicht.

Feiertage

Neujahr (1. Januar), Martin Luther King Jr. Birthday (3. Mo im Jan.), President's Day (3. Mo im Febr.), Ostermontag, Memorial Day (letzter Mo im Mai), Independence Day (Unabhängigkeitstag, 4. Juli), Labor Day (Tag der Arbeit, 1. Mo im Sept.), Columbus Day (2 Mo im Okt.), Veteran's Day (11. Nov.), Thanksgiving (Erntedankfest, letzter Do im Nov.), Christmas Day (25. Dez.).

Festivals und Events

Februar

Jackson (Mississippi): Beinahe den ganzen Monat sorgen beim *Dixie National Livestock Show and Rodeo* Saddle Bronc, Bull Riding und andere zünftige Cowboy-Aktivitäten sowie Musik für Fun und Furore.

New Orleans (Louisiana): Beim *Mardi-Gras*-Karneval (www.mardigrasneworleans.com) ziehen zwei Wochen lang bis zum Höhepunkt am Faschingsdienstag Hunderttausende ausgelassener, teils verkleideter Teilnehmer und Zuschauer durch die Straßen.

Mobile (Alabama): Hier wird *Mardi Gras* (www.mobilemardigras.com) seit Anfang des 18. Jh. gefeiert. Zwei Wochen lang vor dem Karnevalsdienstag kulminiert das Treiben allabendlich in einem prächtigen Umzug.

März

Macon (Georgia): Mitte des Monats feiert man beim *Cherry Blossom Festival* (www.cherryblossom.com) mit Konzerten, Paraden und einem Abschlussfeuerwerk, dass die rund 200 000 Japanischen Kirschbäume der Stadt ihre rosa blühende Pracht entfalten.

Savannah (Georgia): Anlässlich des *St. Patrick's Day on the River* (www.savannahsaintpatricksday.com) feiert man am 17. März auf der Riverfront Plaza eine große Straßenparty mit riesigem Umzug, irischem Bier, Essen, Musik etc.

April

New Orleans (Louisiana): Beim erstklassig besetzten *Jazz & Heritage Festival* (www.nojazzfest.com) vom letzten April bis zum ersten Maiwochenende treten rund 4000 Musiker auf, zudem gibt es traditionelle Speisen und Produkte.

Mai

Memphis (Tennessee): Das *Memphis-in-May International Festival* (www.memphisinmay.org) bietet einen Monat lang ein abwechslungsreiches Programm vom Grillwettbewerb über Straßenfeste bis zu Sinfoniekonzerten.

Charleston (South Carolina): Eines der wichtigsten Kulturfestivals der USA ist das *Spoleto Festival USA* (www.spoletousa.org), das ab Memorial Day zweieinhalb Wochen mit Tanz, Musik, Poesie und Theater unterhält.

Juni

Chattanooga (Tennessee): 9 Tage Mitte Juni feiert die Stadt mit Sportwettbewerben, Konzerten, Kunstausstellungen und Feuerwerk das *Riverbend Festival* (www.riverbendfestival.com).

August

Shelbyville (Tennessee): Am Monatsende stellen Pferde bei der *Tennessee Walking Horse National Celebration* (www.twhnc.com) in verschiedenen Disziplinen und Shows ihr Können unter Beweis.

Asheville (North Carolina): *Mountain Dance and Folk Festival* (www.folkheritage.org) am Monatsanfang mit traditionellen Tänzen und Musik aus den Blue Ridge und Great Smoky Mountains.

Oktober

Norris (Tennessee): Nachkommen der ersten Siedler sowie Blue-Grass-Musiker, Künstler und Besucher treffen sich am zweiten Wochenende des Monats beim *Tennessee Fall Homecoming Festival* (www.museumofappalachia.org) im Museum of Appalachia.

Klima und Reisezeit

Hitze und hohe Luftfeuchtigkeit kennzeichnen den **Sommer** im Süden, insbesondere in den golfnahen Gebieten, an Georgias Küste und im Mississippital. Dort überschreiten die Temperaturen die 30 °C-Marke mehrere Monate lang täglich, und die Nacht bringt mit nur 10 °C Abkühlung wenig Erfrischung. Im **Winter** verzeichnet dieselbe Region ein angenehm gemäßigtes Klima.

Die beste **Reisezeit** liegt im Frühling bzw. Herbst. Entsprechend dauert die touristische Hochsaison in New Orleans von den ersten Mardi-Gras-Umzügen Anfang Februar bis in den späten April. Eine klimatische Ausnahme bilden die Bergregionen der **Appalachen**, die vier deutlich ausgeprägte Jahreszeiten aufweisen. Im warmen Sommer kommen die meisten Touristen. Es folgt der Herbst mit oft noch sonnigen Tagen, jedoch kühlen Nächten. In dieser Zeit erlebt der Great Smoky Mountains National Park während der zwei- bis dreiwöchigen Blätterfärbung den größten Besucheransturm. Im Winter werden viele Passstraßen wegen Schneefall für den Verkehr gesperrt, doch schmilzt die weiße Pracht aufgrund der geringen Höhenlage der Appalachen schon recht früh im Jahr wieder.

Klimadaten Atlanta (Georgia)

Monat	Luft (°C) min./max.	Sonnen-std./Tag	Regen-tage
Jan.	3/12	5	10
Febr.	3/14	6	9
März	5/17	7	8
April	10/23	8	8
Mai	15/27	9	6
Juni	18/31	10	9
Juli	21/32	8	10
Aug.	20/32	8	10
Sept.	17/28	8	6
Okt.	12/23	7	6
Nov.	4/17	6	7
Dez.	2/12	4	9

Klimadaten New Orleans (Louisiana)

Monat	Luft (°C) min./max.	Wasser (°C)	Sonnen-std./Tag	Regen-tage
Jan.	9/18	13	5	8
Febr.	10/19	14	6	8
März	13/22	17	7	7
April	17/25	21	8	6
Mai	20/29	26	9	7
Juni	24/32	28	9	9
Juli	24/33	30	8	12
Aug.	25/33	30	8	12
Sept.	23/31	28	8	8
Okt.	19/27	23	8	5
Nov.	13/22	18	6	7
Dez.	10/19	14	5	8

Temperaturen werden in *Fahrenheit (°F)* angegeben. Umrechnung:

°C = (°F – 32) : 1,8
°F = °C x 1,8 + 32

°C	0°	10°	15°	20°	25°	30°	35°	40°
°F	32°	50°	59°	68°	77°	86°	95°	104°

Begeisterte Musikfans füllen im April beim Jazz Festival die Straßen von New Orleans

Kultur live

Atlanta, Memphis und New Orleans besitzen sowohl Oper als auch Sinfonieorchester und Ballett. Die Saison dauert im Allgemeinen von Sept. bis April/Mai.

Das **Atlanta Ballet** (www.atlantaballet com) tritt u.a. im Fox Theatre (660 Peachtree St. NE, Tel. 855/285-84 99, www foxtheatre.org) und im Cobb Performing Arts Center (2800 Cobb Galleria Pkwy. Tel. 770/916-28 00, www.cobbenergycer tre.com) auf. Das **Atlanta Symphony Orchestra** (www.atlantasymphony.com) spielt im Woodruff Arts Center (128C Peachtree St. NE, Tel. 404/733-50 00, www woodruffcenter.org) und gibt Sommerkonzerte im Chastain Park Amphitheatre Die **Atlanta Opera** (www.atlantaopera org) nutzt für ihre Aufführungen das Cobb Energy Performing Arts Center.

Konzerte des **Louisiana Philharmonic Orchestra** (www.lpomusic.com) von New Orleans finden, ebenso wie die Konzerte der **New Orleans Opera** (www.nev orleansopera.org) im Mahalia Jackson Theater of the Performing Arts im Loui Armstrong Park (801 N. Rampart St.) statt **Broadway Musicals** gibt es im altehr würdigen Saenger Theatre (142 N. Ram part St., Tel. 504/525-10 52, www.saenge amusements.com).

Die Inszenierungen der **Opera Memphi** (www.operamemphis.org), **Ballet Memphis** (www.balletmemphis.org) sowie **Broadway Musicals** und andere Produktionen finden im Orpheum Theatre (20 S. Main St., Tel. 901/525-30 00, www.orph um-memphis.com) statt. Das **Memphi Symphony Orchestra** (www.memphi symphony.org) spielt im Cannon Cente (255 North Main St.). Musicals und Theater zeigt **The Playhouse on the Squar** (66 S. Cooper St./Overton Square, www playhouseonthesquare.org).

Sport

Angeln

In den klaren Bergflüssen der Appalachen kann man ausgezeichnet angeln. Dafür benötigt man eine Lizenz (*Fishing license*) des jeweiligen Bundesstaates, die für wenige Dollars in Ausrüstungs- und Sportgeschäften beziehungsweise auch in Country Stores erhältlich ist. Eine Angelprüfung wird nicht verlangt, man muss jedoch die in der jeweiligen Region gültigen Fangbeschränkungen einhalten.

Im Golf von Mexiko ist das Hochseefischen (*Big game fishing*) sehr beliebt.

Golf

Golf ist in den Südstaaten ein Breitensport mit einigen der besten Greens der USA. Allen voran ist der Großraum Myrtle Beach mit über 100 Golfplätzen zu nennen. Alabama fasst mehrere sorgfältig angelegte Plätze zum Robert Trent Jones Golf Trail (www.rtjgolf.com) zusammen. Nobles Ambiente finden Golfer auf Jekyll Island und St. Simons Island, Georgias Golden Isles sowie South Carolinas Golferparadies Hilton Head Island.

Auf den Greens von Hotels und Clubs sind Besucher meist willkommen. Niemand fragt nach Handicap oder Clubausweis, Zubehör kann man vor Ort leihen.

Radsport

Zwar ist das Radwegenetz in den USA verglichen mit europäischem Niveau eher spärlich, doch Zweiradfans werden auch hier fündig: Sehr gut eignet sich z.B. die Insel Jekyll Island in Georgia mit über 30 km ebenen Radwegen. Im Fall Creek Falls State Park bei Chattanooga gibt es Routen unterschiedlicher Schwierigkeitsgrade, und für Mountainbiker bieten die Appalachen ein anspruchsvolles Terrain.

Reitsport

Im gesamten Süden der USA bieten Reitställe Gelegenheiten zu Ausritten, etwa der **Cades Cove Riding Stable** (Tel. 865/448-9009, www.nps.gov/grsm) am Eingang des schönen Tals von Cades Cove im Great Smoky Mountains National Park.

Wandern

State und National Parks verfügen oft über ausgezeichnete Wanderwegenetze. Darunter sind kurze Naturlehrpfade (*Nature trails*), unterschiedlich lange Wanderwege (*Hiking trails*) oder Rucksackrouten (*Backpacking trails*), zum Teil mit Übernachtungsgelegenheit im Hinterland (*Backcountry camping*). Zu den spannendsten Wegen zählen aufgrund der interessanten Fauna und Flora Sumpfstege wie die Trails durch die Barataria Unit des Jean Lafitte National Historical Park bei New Orleans oder den Congaree National Park südöstlich von Columbia. Unabdingbar ist dabei jedoch (zumind. von Mai bis Sept.) ein gutes Insektenschutzmittel! Wanderparadies in den Bergen des Südens ist der Great Smoky Mountains National Park, wo man auch Abschnitte des Appalachian Trail begehen kann. Dieser Fernwanderweg verläuft 3450 km längs des Appalachenhauptkammes von Maine bis Georgia.

Wassersport

Der bei Sonnenanbetern und **Schwimmern** beliebteste Atlantikstrand ist Myrtle Beach, South Carolina, während die Beaches auf North Carolinas Cape Hatteras National Seashore eher zu den stillen, naturbelassenen Gestaden zählen. Eine Ausnahme bildet dort das Canadian Hole, das als bestes **Surfrevier** an der Ostküste gilt. Georgias wohl schönste Strände erstrecken sich auf den Golden Isles. Feine, weiße Sandstrände ziehen sich praktisch entlang der gesamten Golfküste in Alabama und Mississippi hin, mit den Inseln der Gulf Islands National Seashore als Glanzlichter.

Wildwassertouren

Nantahala River bei Cherokee, Chattooga National Wild and Scenic River, French Broad River bei Asheville oder Ocoee River östlich von Chattanooga genießen bei **Raftern** einen guten Ruf. Beste Zeit

Myrtle Beach ist mit über 100 Plätzen ein Eldorado für Golfer

für einen *Ride* ist das späte Frühjahr bzw. der frühe Sommer, später werden es bei sinkenden Wasserständen leicht geruhsame Floßtripps.

Statistik

Lage: Der hier beschriebene Süden der USA erstreckt sich zwischen Atlantik im Osten und Mississippi/Louisiana im Westen, von den Nordgrenzen Tennessees und North Carolinas bis zum Golf von Mexiko und den Südgrenzen Alabamas und Georgias.

Verwaltung: Der Süden umfasst die Bundesstaaten Alabama (Beiname: *Heart of Dixie*; Hauptstadt: Montgomery), Georgia (*Peach State*; Atlanta), Louisiana (*Pelican State*; Baton Rouge), Mississippi (*Magnolia State*; Jackson), North Carolina (*Tar Heel State*; Raleigh), South Carolina (*Palmetto State*; Columbia) und Tennessee (*Volunteer State*; Nashville).

Wirtschaft: Forschung und High-Tech-Firmen bestimmen das Wirtschaftsgeschehen im Research Triangle bei Raleigh, Raketen- und Raumfahrttechnik das von Huntsville, Alabama. Die Städte Atlanta und Charlotte sind bedeutende Finanzzentren, während Öl, Gas und Chemie die Industrie am Mississippi River bei New Orleans beherrschen.

Große Autokonzerne suchen sich zunehmend neue Standorte mit nicht gewerkschaftlich organisierten Arbeitnehmern im ehemals industriearmen Süden. Auch deutsche Nobelkarossen werden dort hergestellt. Bei Greenville/Spartanburg, South Carolina, rollten 1994 die ersten in den USA produzierten BMW-Kraftfahrzeuge vom Band, drei Jahre später zog Mercedes in Tuscaloosa, Alabama nach, 2009 entschied sich VW für den Standort Chattanooga in Tennessee.

Landwirtschaft mit dem Anbau von Baumwolle, Tabak u.a. spielt nicht mehr die führende Rolle, bleibt aber von beachtlicher ökonomischer Bedeutung.

Der Tourismus schafft besonders in den landschaftlich schönen Zentren New Orleans, Natchez, Nashville, Great Smoky Mountains National Park, Myrtle Beach, Charleston und Savannah Arbeitsplätze. Im ausgehenden 20. Jh. öffneten zahlreiche Spielkasinos in Biloxi am Golf von Mexiko sowie in Tunica am Mississippi River südlich von Memphis ihre Tore.

Bevölkerung: Georgia (10,2 Mio. Einw.) und North Carolina (10 Mio. Einw.) sind die bevölkerungsreichsten, Mississippi (3 Mio. Einw.) und South Carolina (4,9 Mio. Einw.) die bevölkerungsärmsten Bundesstaaten. Großstädtische Ballungsräume sind Atlanta (5,5 Mio. Einw.), Charlotte (2,4 Mio. Einw.), Raleigh (1,8 Mio. Einw.), Memphis (1,4 Mio. Einw.) und Nashville (1,6 Mio. Einw.) sowie New Orleans (1,3 Mio. Einw.). Dünn besiedelt sind Gebiete wie der Appalachenhauptkamm, die Sümpfe Louisianas, die Outer Banks und andere Nehrungsinseln der Atlantikküste.

In den Staaten des Südens liegt der Anteil der afroamerikanischen Bevölkerung zwischen 22 und 37 %, in Großstädten wie Jackson, Mississippi, bei fast 80 %. Für die gesamten USA beträgt der Satz 13,2 %. Wesentlich kleiner (unter 1 %) ist der Anteil der Native Americans an der Bevölkerung des Südens. Anders sieht es bei den ursprünglich französischsprachigen Einwohnern von Louisiana aus, die immerhin etwa ein Viertel der dortigen Bevölkerung ausmachen.

Unterkunft

Allgemein ist die kurzfristige Zimmersuche in den USA dank des umfangreichen Angebots kein Problem. Lediglich für die erste und letzte Nacht in den USA bzw. zu beliebten Festivals oder Veranstaltungen sowie zu den Ferienwochenenden um Memorial, Independence und Labor Day sollte man rechtzeitig buchen.

Bed & Breakfast

Bed & Breakfast, Übernachtung mit Frühstück, wird in privaten kleinen Gästehäusern ebenso angeboten wie in Antebellumvillen. Viele B&Bs verfügen nur über Nichtraucherzimmer, andere nehmen keine Kinder auf. Die Preise können durchaus den Luxusbereich erreichen.

Camping

Die National Parks, State Parks und National Forests verfügen i.d.R. über großzügige Campgrounds. Auf öffentlichen Campingplätzen zahlt man pro Stellplatz – unabhängig von der Personenzahl. Bei *Self registration* deponiert man einen Briefumschlag mit dem Übernachtungsentgelt in einer Box. Private Campingplätze haben Wohnmobilstellplätze mit Vollanschluss (*Full hookup*). Die größte Campingplatzkette der Komfortklasse, KOA (Kampgrounds of America), gibt das *KOA Directory* heraus mit detaillierten Platz- und Anfahrtsbeschreibungen und bietet auch Übernachtungen in einfachen Blockhütten (*KOA Kamping Kabins*).

KOA, Tel. 888/562-0000, www.koa.com.

Cottages und Cabins

Die gemütlichen Ferienhäuschen oder Blockhütten auf dem Land erfreuen sich großer Beliebtheit. Sie sind oft mit kleiner Küche, Essecke, Wohnzimmergarnitur und Schlafzimmer(n) ausgestattet.

Country Inns

Country Inns sind meist etwas größer und teurer als Bed & Breakfast. Sie ähneln eher kleinen Hotels und zeichnen sich oft durch eine elegante Atmosphäre aus. Im Allgemeinen wird Frühstück, zuweilen auch Dinner angeboten.

Hotels und Motels

Die Bandbreite der reichlich vorhandenen Hotels und Motels reicht von Standard (z. B. Days Inn, Motel 6 oder TraveLodge) über gehoben (z. B. Best Western, Hampton, La Quinta oder Ramada) bis zu luxuriös (z. B. Hilton, Hyatt oder Sheraton). Die Preise beziehen sich im Allgemeinen auf Doppelzimmer ohne Frühstück. Zusätzliche Übernachtungsgäste (*Extra person*, kurz XP) im gleichen Zimmer zahlen nur einen geringen Aufschlag. **ADAC Mitglieder** erhalten dank der Partnerschaft von ADAC und AAA in vielen Hotels Rabatte (triple A rates, Mitgliedskarte mitnehmen).

In den meisten State Welcome Centers oder lokalen Touristeninformationen liegen Coupon Books für Hotel- und Motelrabatte aus.

Weitere Rabattmöglichkeiten ergeben sich auf speziellen Webseiten wie z. B. http://hotelcoupons.com.

Verkehrsmittel im Land

Bahn

Amtrak, die überregionale Personenzuglinie der USA, verbindet die meisten Großstädte des Südens miteinander. Sitzplätze müssen rechtzeitig vor Fahrtantritt reserviert werden. Über den preisgünstigen *Amtrak USA Rail Pass* mit unterschiedlichen Geltungszeiten und Regionaleinteilungen informieren:

Amtrak, Tel. 800/872-72 45, www.amtrak.com

CRD International, Stadthausbrücke 1–3, 20355 Hamburg, Tel. 040/300 61 60, www.crd.de

Bus

Die legendären **Greyhound**-Busse bedienen fast alle Städte und Orte der USA.

Greyhound, Tel. 214/849-81 00, 800-231-22 22, www.greyhound.com

Mietwagen und Wohnmobil

Am besten erkundet man die Südstaaten mit einem Leihwagen oder einem Wohnmobil. Für Mitglieder bietet die **ADAC Autovermietung** günstige Konditionen an. Buchungen über www.adac.de/autovermietung, die ADAC Geschäftsstellen oder unter Tel. 089/76 76 20 99. Der Fahrer des Gefährts muss 21 Jahre alt sein, einen Führerschein vorweisen und mittels Kreditkarte eine Kaution hinterlegen. Wer mit dem **Wohnmobil** reist, übernachtet am besten auf einem der vielen staatlichen, nationalen oder kommerziellen Campgrounds. Auf vielen Parkplätzen, in vielen Orten und National Parks heißt es abseits der dafür ausgewiesenen Flächen *›No overnight parking‹*. Cruise America (www.cruiseamerica.com), Nordamerikas größter Wohnmobilvermieter, verfügt über Agenturen in Atlanta und New Orleans. Trotz Zusatzversicherungen trägt man bei Wohnmobilen für Schäden an Windschutzscheiben, Dach und Unterboden einen erhöhten Eigenanteil.

Taxi

Abends oder bei Fahrten in unbekannte Vororte sollte man statt öffentlicher Verkehrsmittel ein Taxi nehmen.

Originelles Transportmittel: Main Street Trolleys fahren auf der Main Street in Memphis

Sprachführer

Englisch für die Reise

Das Wichtigste in Kürze

Ja/Nein	*Yes/No*
Bitte sehr!	*Here you go!*
Danke	*Thank you!*
In Ordnung./Einverstanden.	*All right./Agreed.*
Entschuldigung!	*Excuse me!*
Wie bitte?	*Pardon?*
Ich verstehe Sie nicht.	*I don't understand you*
Ich spreche nur wenig Englisch.	*I only speak a little English.*
Können Sie mir bitte helfen?	*Can you help me, please?*
Das gefällt mir/ Das gefällt mir nicht.	*I like that/ I don't like that.*
Ich möchte …	*I would like …*
Haben Sie …?	*Do you have …?*
Gibt es …?	*Is there …?*
Wie viel kostet das?/ Wie teuer ist …?	*How much is that?*
Kann ich mit Kreditkarte bezahlen?	*Can I pay by credit card?*
Wie viel Uhr ist es?	*What time is it?*
Guten Morgen!	*Good morning!*
Guten Tag!	*Good morning!/ Good afternoon!*
Guten Abend!	*Good evening!*
Gute Nacht!	*Good night!*
Hallo! Grüß Dich!	*Hello!/Hi!*
Wie ist Ihr Name, bitte?	*What's your name, please?*
Mein Name ist …	*My name is …*
Ich bin Deutsche(r).	*I am German.*
Ich bin aus Deutschland.	*I come from Germany.*
Wie geht es Ihnen?	*How are you?*
Auf Wiedersehen!	*Good bye!*
Tschüs!	*See you!*
gestern/heute/ morgen	*yesterday/today/ tomorrow*
am Vormittag/ am Nachmittag	*in the morning/ in the afternoon*
am Abend/ in der Nacht	*in the evening/ at night*
um 1 Uhr/ 2 Uhr …	*at one o'clock/ at two o'clock …*
um Viertel vor (nach) …	*at a quarter to (past) …*
um … Uhr 30	*at … thirty*
Minuten/Stunden	*minutes/hours*
Tage/Wochen	*days/weeks*
Monate/Jahre	*months/years*

Zahlen

0	*zero*	20	*twenty*
1	*one*	21	*twenty-one*
2	*two*	22	*twenty-two*
3	*three*	30	*thirty*
4	*four*	40	*forty*
5	*five*	50	*fifty*
6	*six*	60	*sixty*
7	*seven*	70	*seventy*
8	*eight*	80	*eighty*
9	*nine*	90	*ninety*
10	*ten*	100	*a (one) hundred*
11	*eleven*		
12	*twelve*	200	*two hundred*
13	*thirteen*	1 000	*a (one) thousand*
14	*fourteen*		
15	*fifteen*	2 000	*two thousand*
16	*sixteen*	10 000	*ten thousand*
17	*seventeen*	1 000 000	*a million*
18	*eighteen*	½	*a (one) half*
19	*nineteen*	¼	*a (one) quarter*

Wochentage

Montag	*Monday*
Dienstag	*Tuesday*
Mittwoch	*Wednesday*
Donnerstag	*Thursday*
Freitag	*Friday*
Samstag	*Saturday*
Sonntag	*Sunday*

Monate

Januar	*January*
Februar	*February*
März	*March*
April	*April*
Mai	*May*
Juni	*June*
Juli	*July*
August	*August*
September	*September*
Oktober	*October*
November	*November*
Dezember	*December*

Maße

Kilometer/Meile	*kilometre/mile*
Meter/Fuß	*metre/foot*
Zentimeter/Zoll	*centimetre/inch*
Pfund/Kilogramm	*pound/kilogramme*
Gramm/Unze	*gramme/ounce*
Liter/Gallone	*litre/gallon*

Unterwegs

Nord/Süd/West/ Ost	*north/south/west/ east*
geöffnet/ geschlossen	*open/ closed*
geradeaus/links/ rechts/zurück	*straight on/left/ right/back*
nah/weit	*near/far*
Wie weit ist es?	*How far is it?*
Wo sind die Toiletten?	*Where are the restrooms?*
Wo ist die (der) nächste … Telefonzelle/ Bank/Post/ Polizeistation/ Geldautomat?	*Where is the nearest … pay phone/ bank/post office/ police station/ automatic teller?*
Wo ist … der Hauptbahnhof/ die U-Bahn/ der Flughafen?	*Where is the … main train station/ subway station/ airport, please?*
Wo finde ich ein(e, en)? Apotheke/ Bäckerei/ Fotogeschäft/ Kaufhaus/ Lebensmittelgeschäft/ Markt?	*Where can I find a … pharmacy/ bakery/ photo shop/ department store/ food store/ market?*
Ist das der Weg/ die Straße nach …?	*Is this the way/ the road to …?*
Gibt es einen anderen Weg?	*Is there another way?*
Ich möchte mit … dem (der) Zug/Schiff/Fähre/ Flugzeug nach … fahren.	*I would like to go to … by … train/ship/ferry/ airplane.*
Gilt dieser Preis für Hin- und Rückfahrt?	*Is this the round trip fare?*
Wie lange gilt das Ticket?	*How long will the ticket be valid?*
Wo ist … das Tourismusbüro/ ein Reisebüro?	*Where is … the tourist office/ a travel agency?*
Ich benötige eine Hotelunterkunft.	*I need hotel accommodation.*
Wo kann ich mein Gepäck lassen?	*Where can I leave my luggage?*
Ich habe meinen Koffer verloren.	*I lost my suitcase.*

Zoll, Polizei

Ich habe etwas/ nichts zu verzollen.	*I have something/ nothing to declare.*
Nur persönliche Dinge.	*Only personal belongings.*
Hier ist die Kaufbescheinigung.	*Here is the receipt.*
Hier ist mein … Pass/ Personalausweis/ Kfz-Schein/ Versicherungskarte.	*Here is my … passport/ ID card/ certificate of registration/ car insurance card.*
Ich fahre nach … und bleibe … Tage/Wochen.	*I'm going to … to stay there for … days/weeks.*
Ich möchte eine Anzeige erstatten.	*I would like to report an incident.*
Man hat mein(e, en)… Geld/ Tasche/ Papiere/ Schlüssel/ Fotoapparat/ Koffer/ Fahrrad gestohlen.	*They stole my … money/ bag/ papers/ keys/ camera/ suitcase/ bicycle.*
Verständigen Sie bitte das/die Deutsche Konsulat/ Botschaft.	*Please contact the German consulate/ embassy.*

Freizeit

Ich möchte ein … Fahrrad/ Motorrad/ Surfbrett/ Mountainbike/ Boot/ Pferd … mieten.	*I would like to rent a … bicycle/ motorcycle/ surf board/ mountain bike/ boat/ horse.*
Gibt es ein(en) Freizeitpark/ Freibad/ Golfplatz/ Strand … in der Nähe?	*Is there a … theme park/ outdoor swimming pool/ golf course/ beach … in the area?*
Wann hat … geöffnet?	*What are the opening hours of …?*

Bank, Post, Telefon

Ich möchte Geld wechseln.	*I would like to change money.*
Brauchen Sie meinen Pass?	*Do you need my passport?*
Wo soll ich unterschreiben?	*Where should I sign?*
Ich möchte eine Telefonverbindung nach …	*I would like to have a telephone connection with …*
Wie lautet die Vorwahl für …?	*What is the area code for …?*
Wo gibt es … Telefonkarten/ Briefmarken?	*Where can I get … phone cards/ stamps?*

Tankstelle

Wo ist die nächste Tankstelle?	*Where is the nearest gas station?*
Ich möchte … Gallonen … Super/Diesel / bleifrei.	*I would like … gallons of premium/diesel/ unleaded.*
Volltanken, bitte.	*Fill it up, please.*
Bitte, prüfen Sie … den Reifendruck/ den Ölstand/ den Wasserstand/ das Wasser für die Scheibenwisch-anlage/ die Batterie.	*Please check the … tire pressure/ oil level/ water level/ water in the wind-screen wiper system/ battery.*
Würden Sie bitte … den Ölwechsel/ den Radwechsel vornehmen/	*Would you please … change the oil/ change the tires/*
die Sicherung austauschen/	*change the fuse/*
die Zündkerzen erneuern/	*replace the spark plugs/*
die Zündung nachstellen?	*adjust the ignition?*

Panne

Ich habe eine Panne.	*My car has broken down.*
Der Motor startet nicht.	*The engine won't start.*
Ich habe die Schlüssel im Wagen gelassen.	*I left the keys in the car.*
Ich habe kein Benzin/ Diesel.	*I've run out of gas/ diesel.*
Gibt es hier in der Nähe eine Werkstatt?	*Is there a garage nearby?*
Können Sie mein Auto abschleppen?	*Could you tow my car?*
Können Sie mir einen Abschleppwagen schicken?	*Could you send a tow truck?*
Können Sie den Wagen reparieren?	*Could you repair my car?*
Bis wann?	*By when?*

Mietwagen

Ich möchte ein Auto mieten.	*I would like to rent a car.*
Was kostet die Miete … pro Tag/ pro Woche/ mit unbegrenzter Meilen-Zahl/ mit Kasko-versicherung/ mit Kaution?	*How much is the rent … per day/ per week/ including unlimited miles/ including compre-hensive insurance/ with deposit?*
Wo kann ich den Wagen zurückgeben?	*Where can I return the car?*

Unfall

Hilfe!	*Help!*
Achtung!/Vorsicht!	*Attention!/Caution!*
Rufen Sie bitte schnell … einen Krankenwagen/ die Polizei/ die Feuerwehr.	*This is an emergency, please call … an ambulance/ the police/ the fire department.*
Es war (nicht) meine Schuld.	*It was (not) my fault.*
Geben Sie mir bitte Ihren Namen und Ihre Adresse.	*Please give me your name and address.*
Ich brauche die Angaben zu Ihrer Autoversicherung.	*I need the details of your car insurance.*

Krankheit

Können Sie mir einen guten Deutsch sprechenden Arzt/ Zahnarzt empfehlen?	*Can you recommend a good German-speaking doctor/ dentist?*
Wann hat er Sprech-stunde?	*What are his office hours?*
Wo ist die nächste Apotheke?	*Where is the nearest pharmacy?*
Ich brauche ein Mittel gegen … Durchfall/ Halsschmerzen/ Fieber/ Insektenstiche/ Verstopfung/ Zahnschmerzen.	*I need medication for … diarrhea/ a sore throat/ fever/ insect bites/ constipation/ toothache.*

Hotel

Können Sie mir bitte ein Hotel/eine Pension empfehlen?	*Could you please recommend a hotel/ Bed & Breakfast?*
Ich habe bei Ihnen ein Zimmer reserviert.	*I booked a room with you.*
Haben Sie ein … Einzel-/Doppel-zimmer … mit Dusche/ Bad/WC? für eine Nacht/ für eine Woche?	*Do you have a … single/double room … with shower/ bath/bathroom? for a night/ for a week?*
Was kostet das Zimmer mit Frühstück/	*How much is the room with breakfast/*

mit zwei Mahlzeiten?	*with two meals?*
Wie lange gibt es Frühstück?	*How long will breakfast be served?*
Ich möchte um … geweckt werden.	*Please wake me up at …*
Wie ist hier die Stromspannung?	*What is the current voltage here?*
ch reise heute abend/ morgen früh ab.	*I will depart tonight/ tomorrow morning.*
Haben Sie ein Faxgerät/ einen Internetzugang/ einen Hotelsafe?	*Do you have a fax machine/ internet access/ a hotel safe?*
Akzeptieren Sie Kreditkarten?	*Do you accept credit cards?*

Restaurant

Vo gibt es ein gutes/ günstiges Restaurant?	*Where is a good/ inexpensive restaurant?*
Die Speisekarte/ Getränkekarte, bitte.	*The menu/ the wine list, please.*
ch möchte das Tagesgericht/Menü (zu…)	*I like the dish of the day (at …).*
Velches Gericht können Sie besonders empfehlen?	*Which of the dishes can you recommend?*
ch möchte nur eine Kleinigkeit essen.	*I only want a snack.*
ibt es vegetarische Gerichte?	*Are there vegetarian dishes?*
aben Sie offenen Wein?	*Do you serve wine by the glass?*
Velche alkoholfreien Getränke haben Sie?	*What kind of soft drinks do you have?*
aben Sie Mineralwasser mit/ ohne Kohlensäure?	*Do you have mineral water/ still mineral water?*
as Steak bitte … englisch/medium/ durchgebraten.	*The steak … rare/medium/ well-done, please.*
ann ich bitte … ein Messer/ eine Gabel/ einen Löffel haben?	*May I have … a knife/ a fork/ a spoon, please?*
e Rechnung/ Bezahlen, bitte.	*The bill, please.*

Essen und Trinken

bendessen	*dinner*
nanas	*pineapple*
pfelkuchen	*apple pie*
ustern	*oysters*
er	*beer*
ne	*pear*
atkartoffeln	*fried potatoes*
ot/Brötchen	*bread/rolls*
tter	*butter*
Eier mit Speck	*bacon and eggs*
Eiscreme	*ice-cream*
Erbsen	*peas*
Erdbeeren	*strawberries*
Essig	*vinegar*
Fisch	*fish*
Fleisch gedämpft, gebraten, gebacken, frittiert	*meat steamed, broiled, baked, fried*
Fleischsoße	*gravy*
Frühstück	*breakfast*
Geflügel	*poultry*
Gemüse	*vegetable*
Gurke	*cucumber*
Hähnchen	*chicken*
Honig	*honey*
Hummer	*lobster*
Jakobsmuscheln	*scallops*
Kaffee	*coffee*
Kalbfleisch	*veal*
Kartoffeln	*potatoes*
Kartoffelbrei	*mashed potatoes*
Käse	*cheese*
Kohl	*cabbage*
Kuchen	*cake*
Lachs	*salmon*
Lamm	*lamb*
Leber	*liver*
Maiskolben	*corn-on-the-cob*
Marmelade	*jam*
Mittagessen	*lunch*
Meeresfrüchte	*seafood*
Milch	*milk*
Mineralwasser	*mineral water*
Muschelsuppe	*clam chowder*
Obst	*fruits*
Öl	*oil*
Pfannkuchen	*pancakes*
Pfeffer	*pepper*
Pfirsiche	*peaches*
Pilze	*mushrooms*
Pommes frites	*french fries*
Reis	*rice*
Rindfleisch	*beef*
Rühreier	*scrambled eggs*
Sahne	*cream*
Salat	*salad*
Salatsoße	*salad dressing*
Salz	*salt*
Schinken	*ham*
Schlagsahne	*whipped cream*
Schweinefleisch	*pork*
Sekt	*sparkling wine*
Suppe	*soup*
Thunfisch	*tuna*
Truthahn	*turkey*
Vanillesoße	*custard*
Vorspeisen	*hors d'œuvres*
Wein (Weiß/Rot/Rosé)	*wine (white/red/rosé)*
Würstchen	*sausages*
Zucker	*sugar*
Zwiebeln	*onions*

ADAC Reiseführer
Unschlagbar gut – unschlagbar günstig

■ 350 bis 600 Sehenswürdigkeiten pro Band ■ Mehr als 150 brillante Fotos ■ Groß Maxi-Klappkarte als Schnellübersicht ■ Rund 40 Top Tipps zu den touristische Highlights ■ Informativ, übersichtlich und fundiert auf 144 bzw. 192 Seiten.

Überall, wo es Bücher gibt, und beim ADAC.

www.adac.de/reisefuehre

Register

Impressum

Herausgeber: TRAVEL HOUSE MEDIA GmbH, München
Redaktionsleitung: Benjamin Happel
Autoren: Heike Wagner und Bernd Wagner
Aktualisierung: Heike Wagner
Verlagsredaktion: Gernot Schnedlitz, Katja Tegler
.ektorat: Intermag Publishing GmbH, München
3ildredaktion: Travel House Media, Intermag Publishing
;atz: Intermag Publishing
Karten (Umschlag): ADAC e.V., München
Karten (Innenteil): Computerkartographie Carrle, München
Herstellung: Mendy Willerich
)ruck: Drukarnia Dimograf Sp z o.o. (Polen)

Ansprechpartner für den Anzeigenverkauf:
.V Kommunalverlag GmbH & Co. KG,
MediaCenter München, Tel. 089/92 80 96 44

SBN 978-3-95689-287-5

Neu bearbeitete Auflage 2017
) 2017 TRAVEL HOUSE MEDIA GmbH, München
ADAC Reiseführer Markenlizenz der ADAC Verlag GmbH & Co. KG, München

)as Werk einschließlich aller seiner Teile ist urheberechtlich geschützt. Jede Verwendung ohne Zustimmung on Travel House Media ist unzulässig und strafbar. as gilt insbesondere für Vervielfältigungen, Überetzungen, Mikroverfilmungen und die Verarbeitung in ektronischen Systemen. Die Daten und Fakten für eses Werk wurden mit äußerster Sorgfalt recherchiert nd geprüft. Wir weisen jedoch darauf hin, dass diese ngaben häufig Veränderungen unterworfen sind und haltliche Fehler oder Auslassungen nicht völlig auszuhießen sind. Für eventuelle Fehler oder Auslassungen önnen Travel House Media, der ADAC Verlag sowie eren Mitarbeiter und die Autoren keinerlei Verpflichtung nd Haftung übernehmen.

ei Interesse an maßgeschneiderten Verlagsprodukten:
eronica.reisenegger@travel-house-media.de

TRAVEL HOUSE MEDIA

Ein Unternehmen der
GANSKE VERLAGSGRUPPE

Bildnachweis

Titel: Royal Street im French Quarter von New Orleans
Foto: **Schapowalow** (Massimo Borchi)

Rücktitel: links: **Shutterstock** (Sean Pavone); rechts: **Bildagentur Huber** (Bertsch)

Age Fotostock: 4.2 (Wh.), 11.1 (Wh.), 45 (David Lyons) – **AKG:** 12, 13, 14, 64, 69 – **Alamy Stock Photo:** 120.1 (Richard Cummins) – **Avenue Images:** 117 (Index Stock/Stephen Saks) – **AWL Images:** 62 (Walter Bibikow) – **Event Horizons:** 98, 108, 118 – **Fotolia:** 32 (AStargirl), 110 (Sirena Designs) – **Franz Marc Frei:** 29.2, 30, 35, 61, 84, 85.2, 91, 96, 101.1, 112 – **Gallier Historic Houses:** 25 – **Getty Images:** 4.3 (Wh.), 60 (Richard Cummins) – **Glow Images:** 5.1 (Wh.), 104 (N.N.), 59 (SuperStock) – **Grandfather Mountain:** 5.3 (Wh.), 97 (Hugh Morton) – **Grand Ole Opry:** 53 (bpr/bellus public relations) – **High Museum of Art:** 73 (Jonathan Hillyer) – **Bildagentur Huber:** 9 (Wh.), 16/17 (Bertsch), 26, 31 (Ripani) – **laif:** 58/59 (Christian Heeb), 39 (hemis/Patrick Frilet), 88 (Gregor Lengler), 114, 119 (Voge/Le Figaro Magazine), 123 (The NewYorkTimes/Redux) – **Look:** 49.2 (N.N.), 78, 79.2 (age fotostock) – **Mauritius Images:** 4.4 (Wh.), 40/41, 49.1, 50, 29.1, 72, 77, 110/111, 135 (Wh.) (Alamy), 24 (Jim West), 36/37, 66 (CuboImages), 42/43 (David Lyons/Alamy), 47 (Martin Norris Travel Photography / Alamy), 54/55 (Ian Dagnall / Alamy), 57.1 (N.N.) – **Memphis & Mississippi Pressedienst:** 48 – **Natchez Trace Parkway:** 41 – **North Carolina Travel & Tourism Division:** 92 – **Schapowalow:** 115 (Bias) – **Shutterstock:** 2.1 (Wh.), 100 (Zack Frank), 2.2 (Wh.), 8/9 (Wh.), 52, 70/71, 99, 100/101 (ESB Professional), 2.3 (Wh.), 8 (Wh.), 27 (TFoxFoto), 2.4 (Wh.), 3.1 (Wh.), 3.4 (Wh.), 5.2 (Wh.), 10.2, 44, 53, 63, 65, 79, 81, 82/83, 86/87, 90, 102/103, 113, 120.2 (Sean Pavone), 3.3 (Wh.), 116 (meunierd), 4.1 (Wh.), 7.2 (Wh.), 75 (Forty3Zero), 6, 94/95 (Dave Allen Photography), 7.1 (Wh.), 21 (gary718), 10.1 (Wh.), 28, 128 (Siouxsnapp), 11.2 (Wh.), 18/19 (f11photo), 15.2 (Robert A. Mansker), 20 (GTS Productions), 46 (fasthorses), 67 (Rob Hainer), 68/69 (Philip Arno Photography), 80 (Tim Mainiero), 85.1 (Jeffrey M. Frank), 105 (Denton Rumsey), 122/123 (Jon Bilous), 3.2 (Wh.), 132 (Chuck Wagner), 133 (Andrew F. Kazmierski) – **Tennessee Aquarium Chattanooga:** 83 (Todd Stailey) – **Ullstein Bilderdienst:** 15, 93 (N.N.), 107.1 (United Archives) – **Visum:** 5.4 (Wh.), 107.2 (The Image Works) ,57.2 (Johannes Kroemer) – **Heike Wagner/Bernd Wagner:** 89, 109

Immer gut unterwegs! Mit ADAC Wanderführern.

■ Mit ausführlichen Tourbeschreibungen und Top Tipps zu jeder Tour ■ Ideal ergänzt durch exakte Karten, Tour-Infos und anschaulichem Tour-Profil zur perfekten Auswahl und Planung ■ Im praktischen Hosentaschenformat!

Überall, wo es Bücher gibt, und beim ADAC.

www.adac.de/shop